U0739975

晚唐五代
姚江波 著
浙江大學出版社
ZHEJIANG UNIVERSITY PRESS

中国古玩鉴定丛书
古玩鉴定

目录

第壹章 晚唐邢窑白瓷碗鉴定

从**造型**特征上鉴定

⊙造型多相近图七/只有个别不同

从**地域**特征上鉴定

⊙地域性特征极强/以中原地区向周边地区扩散图五/南方地区也有烧造图六

从**件数**特征上鉴定

⊙墓葬和遗址都有出土/出土数量较多图三/以几件到十几件为多图四

从**时代背景**上鉴定

⊙邢窑衰落/邢窑『回光返照』图一/邢窑影响巨大图二

邢窑玉璧底白瓷碗 图二

邢窑白瓷碗标本 图一

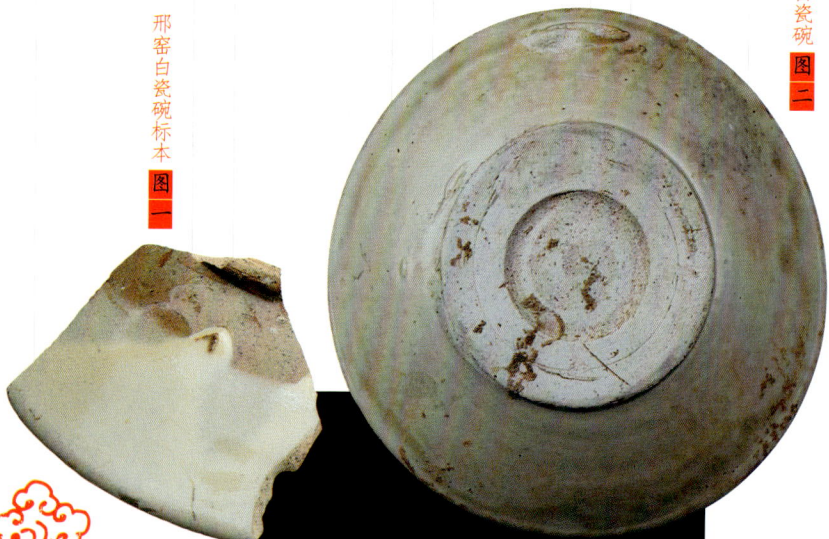

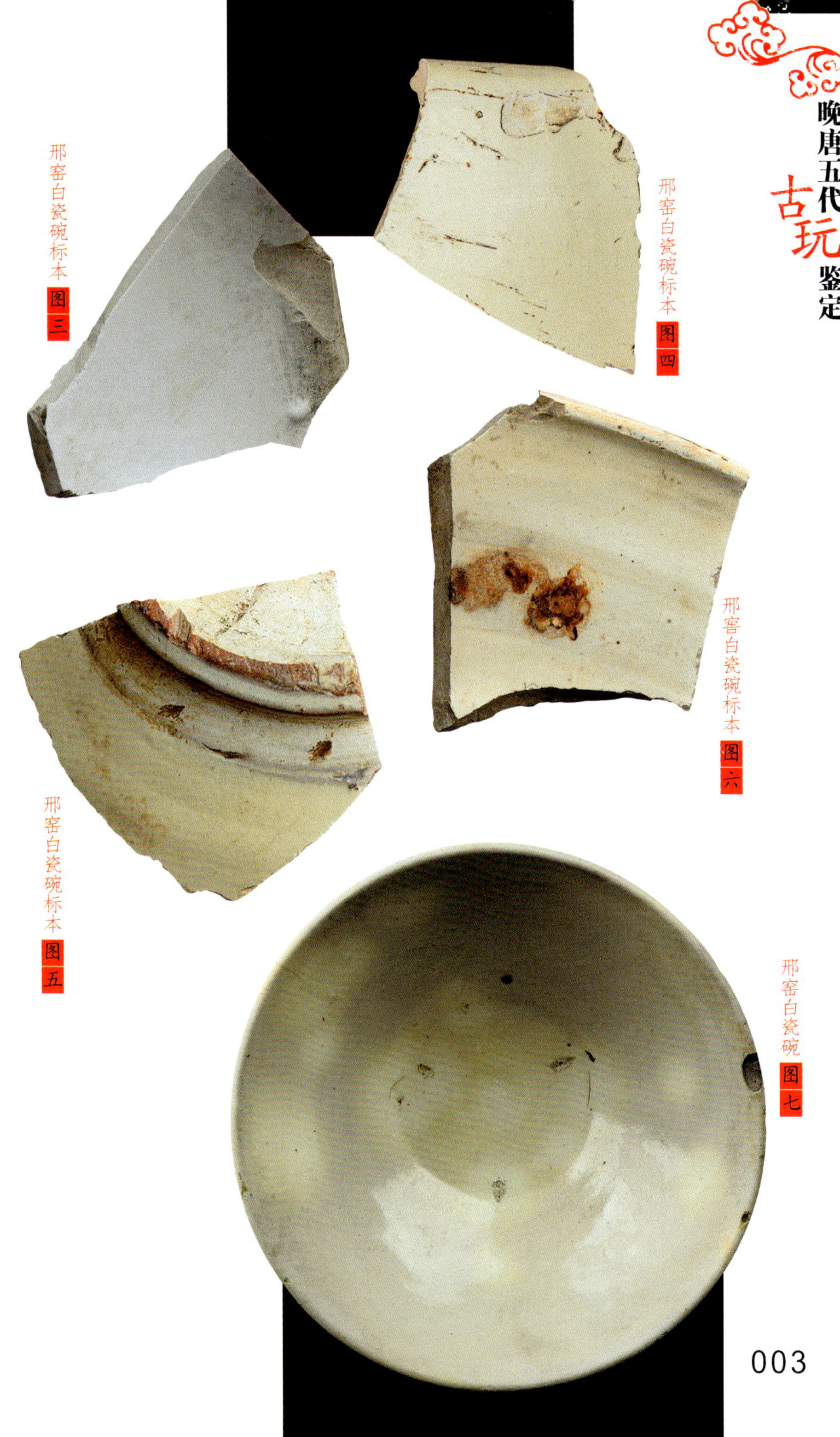

邢窑白瓷碗标本 图三

邢窑白瓷碗标本 图四

邢窑白瓷碗标本 图六

邢窑白瓷碗标本 图五

邢窑白瓷碗 图七

大口径邢窑白瓷碗标本 图九

从**唇部**特征上鉴定

⊙尖唇／方唇／圆唇 图十三 ／厚唇

／尖圆唇／卷沿唇 图十四

从**口部**特征上鉴定

／敞口 图十二 ／大口

⊙浅盘口／敛口／口微敛／花口／侈口

从**尺寸**特征上鉴定

／底径多在4—10厘米

／足径多在5—10厘米 图十 ／胎厚多在0.7—1.5厘米 图十一

⊙高度多在4—20厘米 图八 ／口径多在5—20厘米 图九

较高邢窑白瓷碗 图八

敞口邢窑白瓷碗 图十二

足径较小邢窑白瓷碗标本 图十

圆唇邢窑白瓷碗标本 图十三

胎壁较薄邢窑白瓷碗标本 图十一

卷沿唇邢窑白瓷碗标本 图十四

从**腹部**特征上鉴定

⊙微鼓腹图十五／折腹／腹壁斜直图十六／盘腹

／腹较深／弧腹图十七／斜弧腹／浅腹

／鼓腹／浅弧腹／直腹微弧

从**底部**特征上鉴定

⊙平底图十八／泥饼底图十九／底略内凹

／玉璧形底／小平底／底中部上鼓

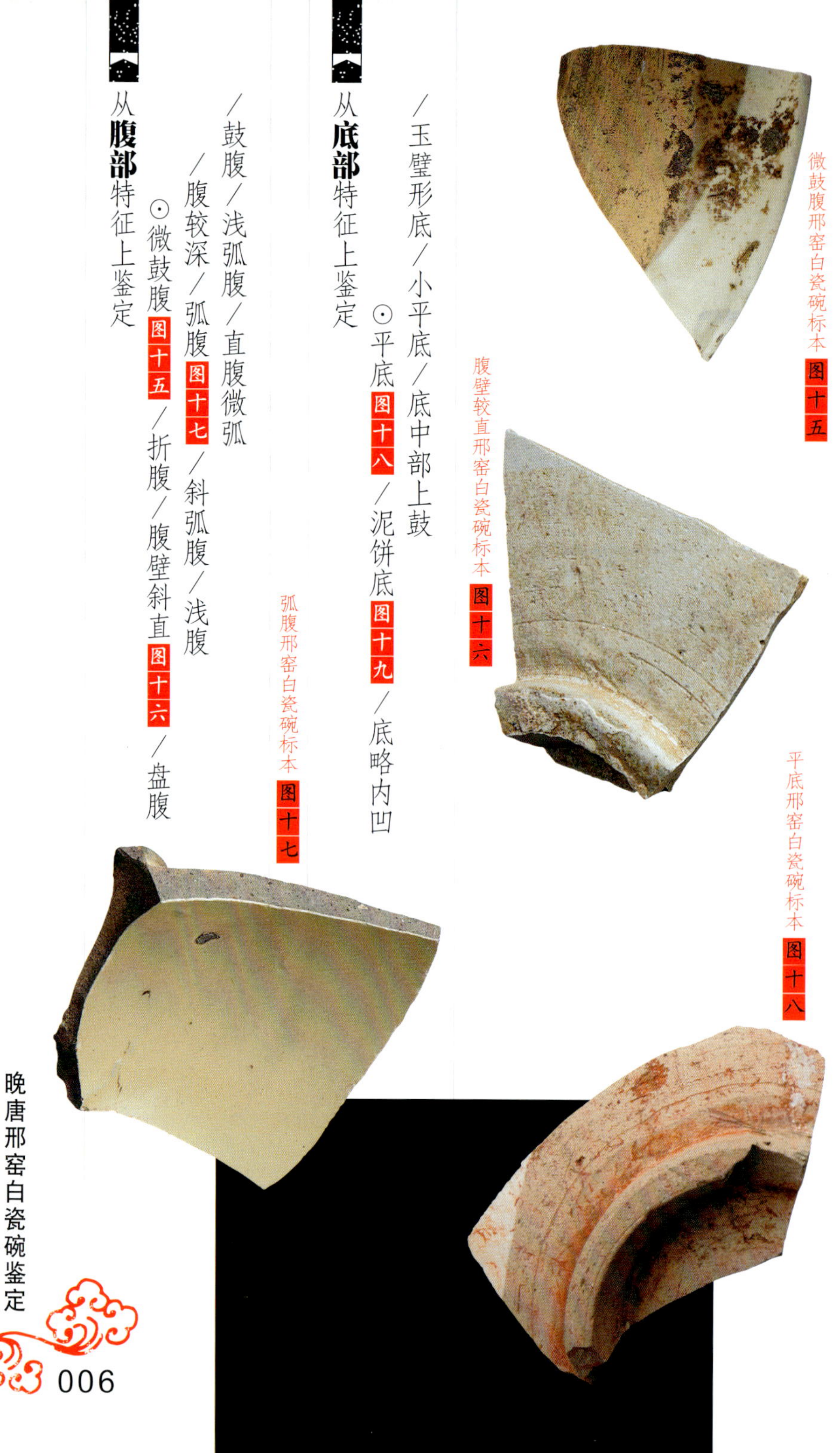

微鼓腹邢窑白瓷碗标本 图十五

腹壁较直邢窑白瓷碗标本 图十六

弧腹邢窑白瓷碗标本 图十七

平底邢窑白瓷碗标本 图十八

从**足部**特征上鉴定

⊙实足/圈足较宽/圈足内挖成两层台/足多规整 图二十/足略外撇 图二十一/挖足较深/挖足不规整/矮圈足/圈足较高 图二十二/玉璧足较小/矮饼形足/假圈足/实足极矮/高饼足

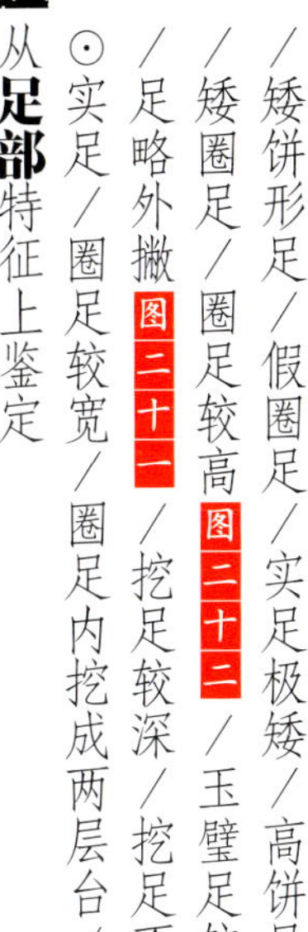

泥饼底邢窑白瓷碗标本 图十九

足部规整邢窑白瓷碗标本 图二十

足部外撇邢窑白瓷碗标本 图二十一

圈足较高邢窑白瓷碗标本 图二十二

/纯白釉/白釉泛黄 图二十五 /猪油白

⊙白釉 图二十三 /灰白釉/雪白釉 图二十四

白釉邢窑瓷碗标本 图二十三

雪白釉邢窑瓷碗标本 图二十四

白釉泛黄邢窑瓷碗标本 图二十五

从**施釉部位**特征上鉴定

⊙内壁施满釉 图二十六／外壁施满釉 图二十七／通体施釉／足端露胎／外壁下半及假圈足露胎 图二十八

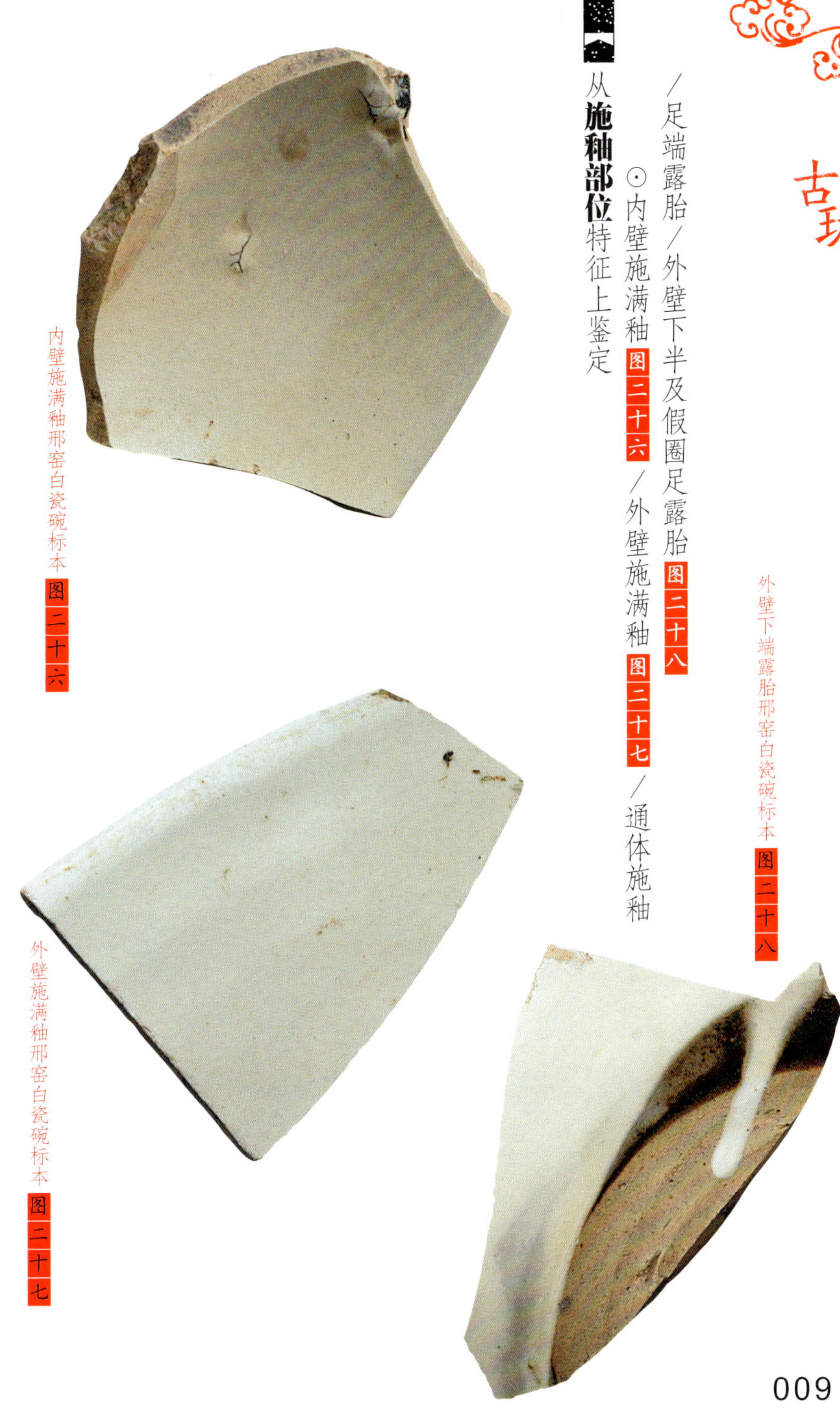

内壁施满釉邢窑白瓷碗标本 图二十六

外壁施满釉邢窑白瓷碗标本 图二十七

外壁下端露胎邢窑白瓷碗标本 图二十八

从**釉质**特征上鉴定

⊙釉浓淡适中图二十九/有较淡光泽/偶见流釉现象图三十

/釉质很薄图三十一/胎釉结合良好图三十二

/釉上有一些杂质图三十三/偶见开片现象图三十四

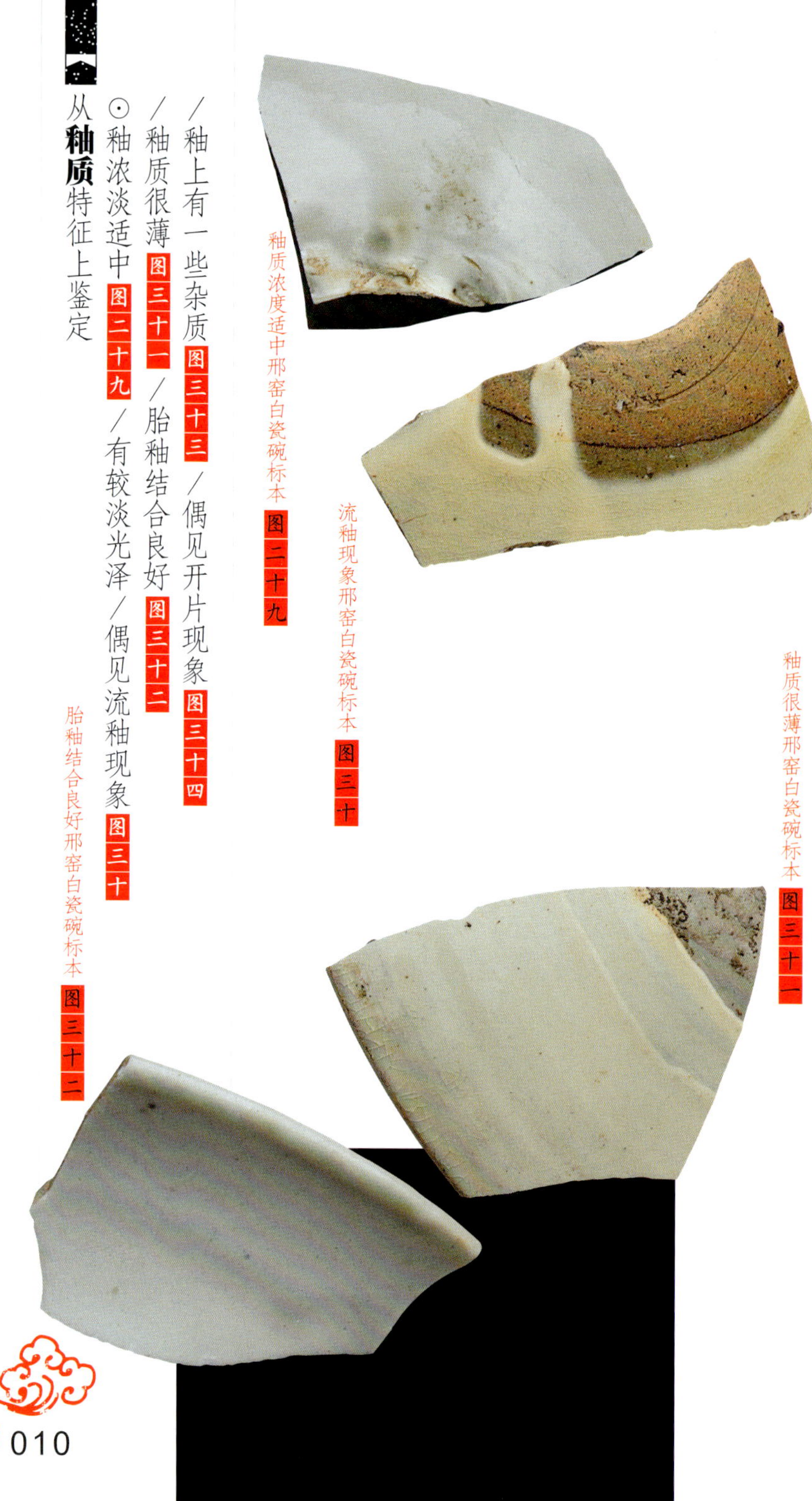

釉质浓度适中邢窑白瓷碗标本 图二十九

流釉现象邢窑白瓷碗标本 图三十

釉质很薄邢窑白瓷碗标本 图三十一

胎釉结合良好邢窑白瓷碗标本 图三十二

从施纹部位特征上鉴定

⊙外腹施纹/外上腹施纹/内底施纹/通体施纹

从纹饰特征上鉴定

⊙多为简单的几何形花卉图案 图三十五/不以纹饰取胜/阴线弦纹/波浪纹/冰裂纹/碎冰裂纹/莲花纹

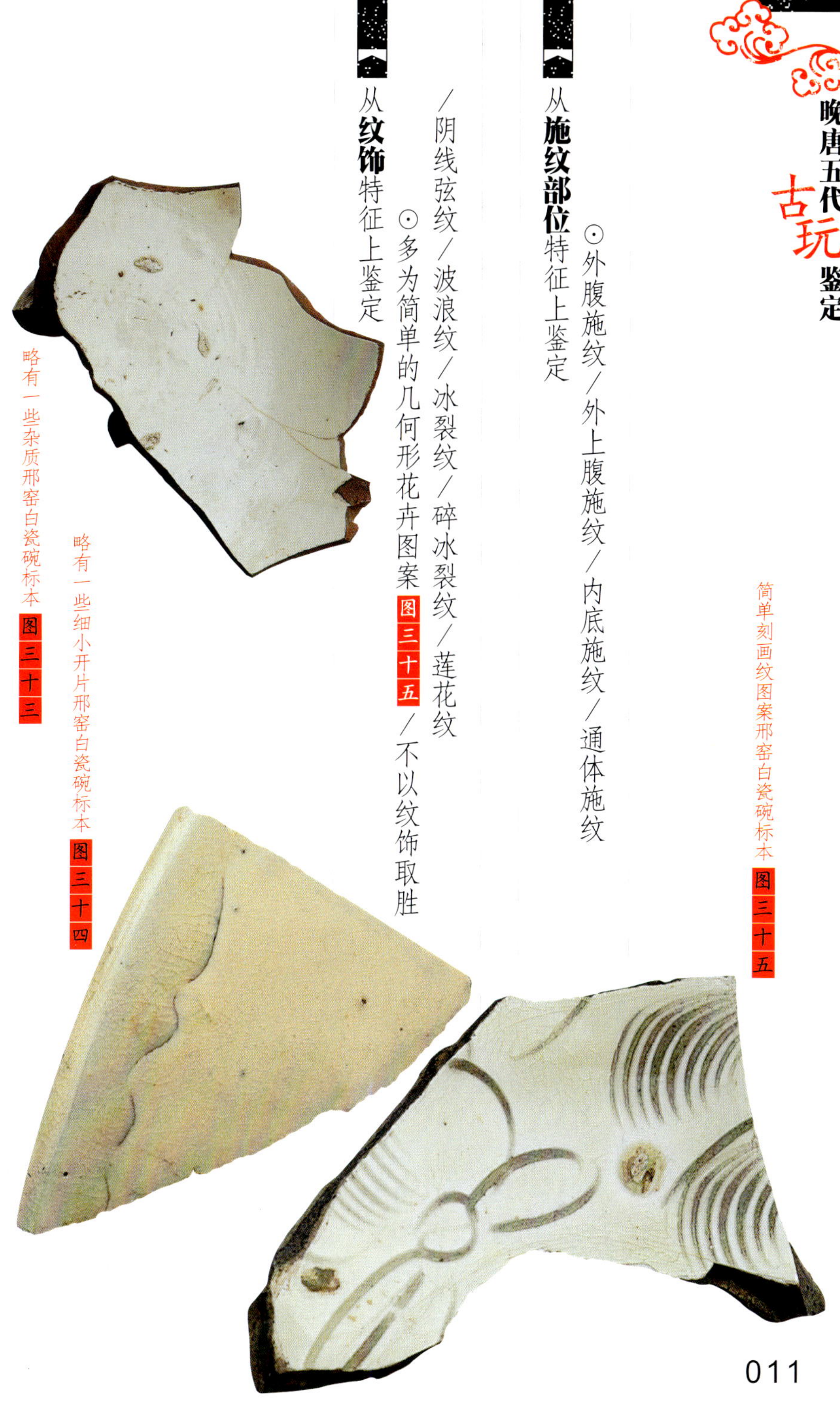

略有一些杂质邢窑白瓷碗标本 图三十三

略有一些细小开片邢窑白瓷碗标本 图三十四

简单刻画纹图案邢窑白瓷碗标本 图三十五

从**碗壁**特征上鉴定

⊙弧壁图三十六/内外壁上施白色化妆土图三十七

从**完残**特征上鉴定

⊙墓葬出土完整器多/遗址出土多为残片图三十八

/残片多残留底部图三十九

/口沿部尚存残片不是很多图四十/有底有口沿残片属偶见

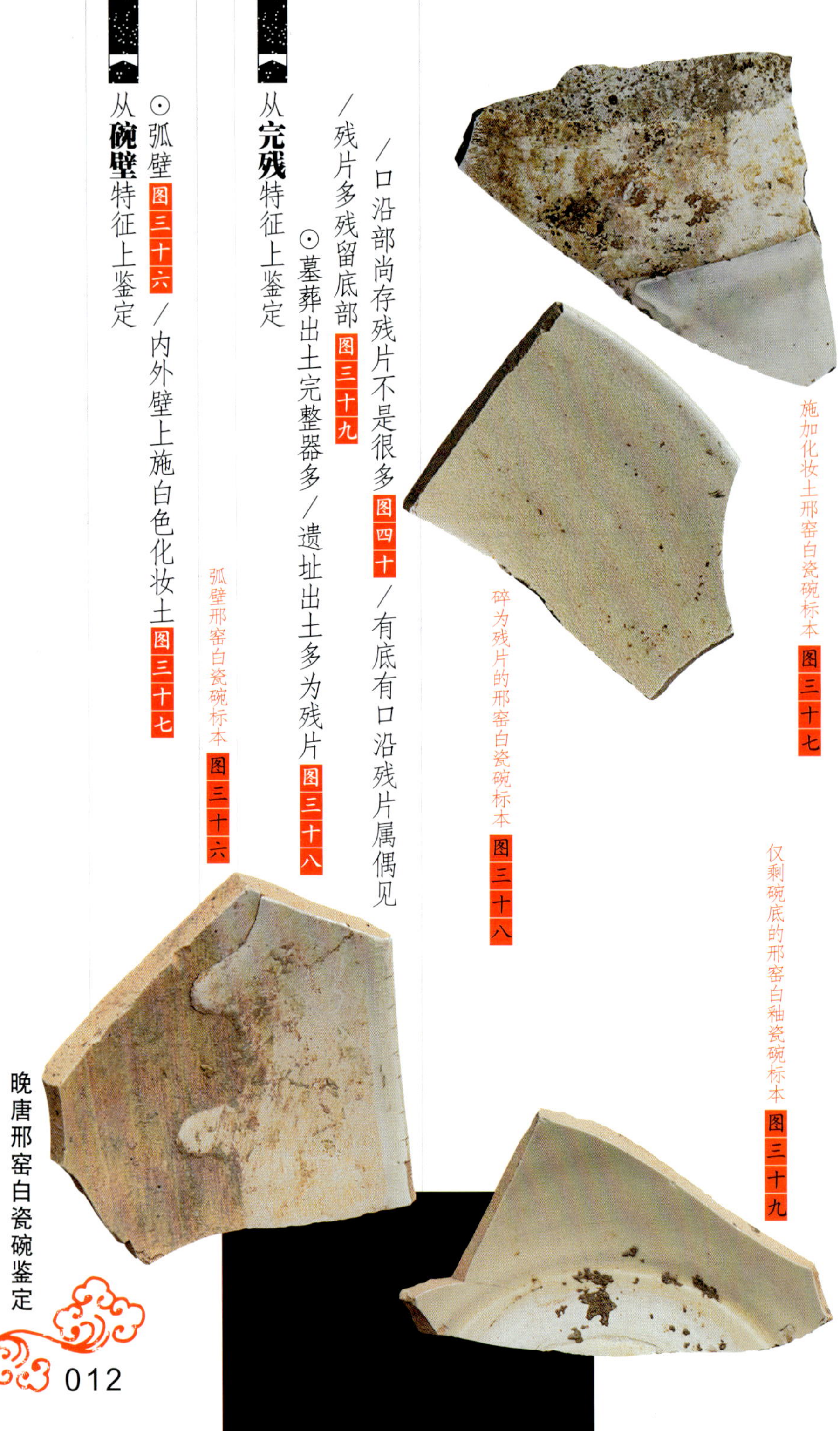

弧壁邢窑白瓷碗标本 图三十六

施加化妆土邢窑白瓷碗标本 图三十七

碎为残片的邢窑白瓷碗标本 图三十八

仅剩碗底的邢窑白釉瓷碗标本 图三十九

从胎质特征上鉴定

⊙淘洗精细 图四十一／粗胎 图四十二／胎较厚 图四十三／胎较薄／胎体坚硬／能看到胎体内有杂质 图四十四

保存口部的邢窑白瓷碗标本 图四十

淘洗精细的邢窑白瓷碗标本 图四十一

粗胎邢窑白瓷碗标本 图四十二

胎较厚邢窑白瓷碗标本 图四十三

胎内有杂质的邢窑白瓷碗标本 图四十四

从**胎色**特征上鉴定

⊙白胎/雪白胎/灰白胎 图四十五 /鸡骨白胎/青灰色胎 图四十六 /紫褐胎/砖红胎/砖黄胎 图四十七

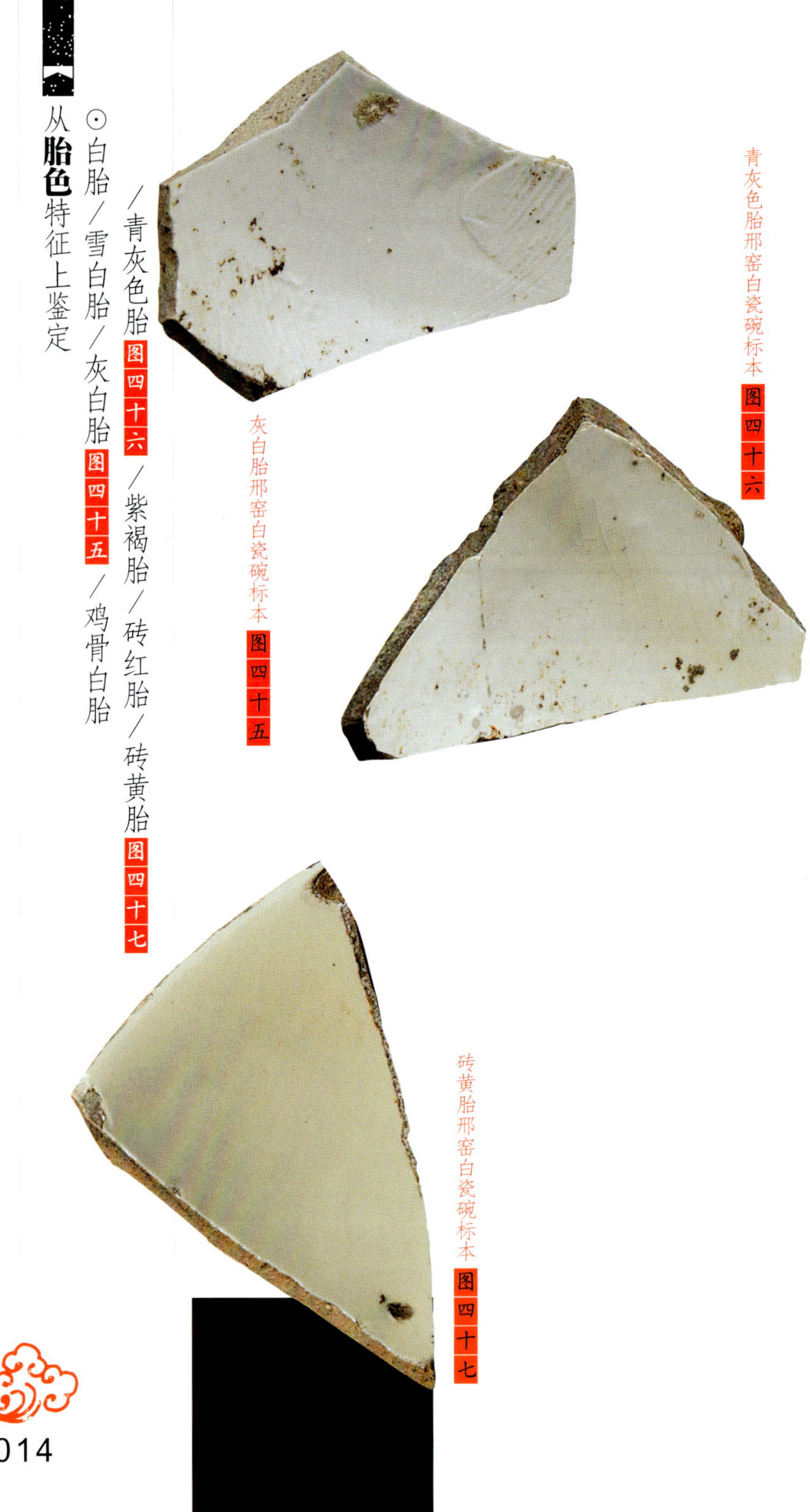

灰白胎邢窑白瓷碗标本 图四十五

青灰色胎邢窑白瓷碗标本 图四十六

砖黄胎邢窑白瓷碗标本 图四十七

第贰章
晚唐五代青瓷碗鉴定

从**时代背景**上鉴定

⊙『南青北白』瓷业格局被打破 图四十八 /越窑衰落

/邢窑难以为继/传统青瓷『回光返照』

/北方窑场仿烧南方青瓷/青瓷由细腻向粗犷发展

/北方窑场形成自己鲜明的青瓷特色 图四十九 图五十

从**地域**特征上鉴定

⊙地域性特征变弱/由南方向中原地区扩散

/南北方都有烧造 图五十一 /南方烧造青瓷碗特征明显

/北方烧造瓷器特征鲜明

/南方固守传统，烧造较为细腻，

釉光滑透明，釉色单一

/北方烧造粗犷 图五十二，

釉色多变，尝试各种绿色调，

个别尝试明显有失误，青瓷成就较大 图五十三

青瓷碗 图四十八

青瓷碗 图四十九

青瓷碗
图五十

青瓷碗标本
图五十一

青瓷碗标本
图五十二

青瓷碗标本
图五十三

从**造型**特征上鉴定

⊙造型各异 图五十七 图五十八 图五十九

/造型规整 图六十，基本无变形现象

从**窑口**特征上鉴定

⊙烧造青瓷的窑口增多 图五十四

/越窑固守青瓷的烧造，产品通销全国

/寿州窑、长沙窑也大量烧制青瓷

/河北曲阳窑也发现有少量青瓷

/河南许多窑场也发现有青瓷 图五十五

/青瓷器的烧造已无太严格的窑系之分 图五十六

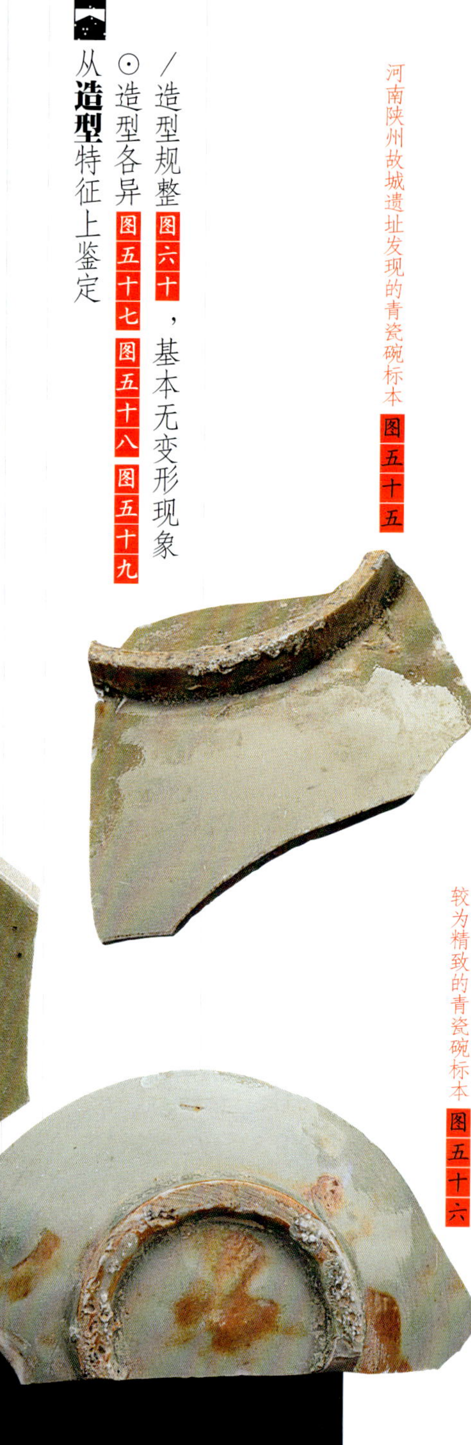

河南陕州故城遗址发现的青瓷碗标本 图五十五

较为精致的青瓷碗标本 图五十六

青瓷碗标本 图五十四

图五十七 实用器青瓷碗标本

图五十八 青瓷碗标本

图五十九 北方窑场生产青瓷

图六十 造型十分规整的青瓷碗

从**唇部**特征上鉴定

/卷圆唇/唇厚薄不均

⊙尖唇/方唇/圆唇/厚唇/尖圆唇 图六十六

从**口部**特征上鉴定

/五瓣花口/讲究实用，讲究美感

/大敞口/大口/口向外撇/葵花口

/敛口/口微敛 图六十五 /花口/口微侈

⊙以敞口为多/侈口 图六十四 /直口微敛/浅盘口

从**尺寸**特征上鉴定

/胎厚多在0.7—1.4厘米 图六十三

/足径多在5—8厘米 图六十二

⊙高度多在4—13厘米 图六十一 /口径多在9—18厘米

足径较大青瓷碗底足标本 图六十二

较矮青瓷碗标本 图六十一

图六十三 较薄青瓷碗标本

图六十四 侈口青瓷碗

图六十五 口微敛淡青釉瓷碗标本

图六十六 尖圆唇青瓷碗标本

从**腹部**特征上鉴定

⊙以深腹、浅腹图六十七为主/斜腹和微鼓弧腹图六十八为主/垂腹、曲腹图六十九等

浅腹淡青釉瓷碗标本 图六十七

弧腹青瓷碗标本 图六十八

曲腹青瓷碗 图六十九

从底部特征上鉴定

⊙平底 图七十／足底刮釉／饼底／小饼底 图七十一／底略内凹／小平底／饼足较高／底中部上鼓／玉璧形底／环形底／底微向外凸 图七十二／底部有见字，字多为姓氏，多在中央位置

平底青瓷碗标本 图七十

小饼底青白瓷碗标本 图七十一

底微向外凸青瓷碗标本 图七十二

从**足部**特征上鉴定

⊙圈足 图七十三 / 矮圈足 图七十四 / 假圈足

/ 饼足 / 实足 / 圈足内挖成两层台 / 矮饼形足

/ 高饼足 图七十五 / 足壁较厚 图七十六

从**釉色**特征上鉴定

⊙青釉 / 青白釉 图七十七 / 青中泛蓝釉 / 青黄釉

/ 青绿釉 / 淡青色 / 深青釉 / 茶绿釉

/ 湖绿釉 / 草绿釉 / 釉色淡雅 / 粉青釉 图七十八

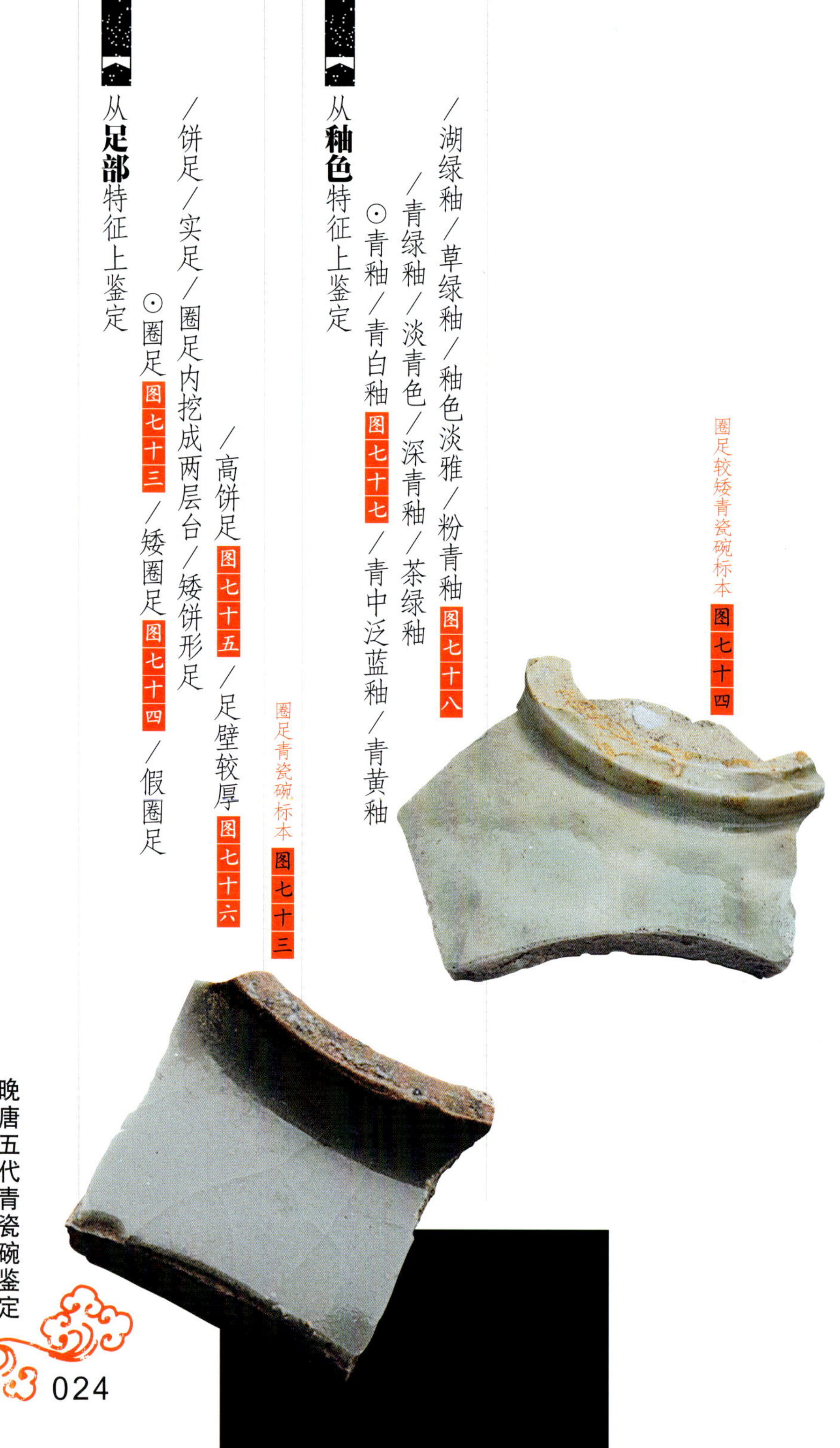

圈足较矮青瓷碗标本 图七十四

圈足青瓷碗标本 图七十三

图七十五 饼足较高青白瓷碗标本

图七十六 足壁较厚青瓷碗标本

图七十七 青白釉瓷碗标本

图七十八 粉青釉瓷碗标本

从施釉部位特征上鉴定

⊙内壁施满釉/外壁施半釉/通体施釉 图七十九/足端露胎/足壁内侧不施釉/足底施酱釉 图八十

从釉质特征上鉴定

⊙釉质细腻、匀净、莹润 图八十一/施釉均匀/无流釉现象/胎釉结合良好/釉上有一些杂质、小气泡和聚釉痕/偶见有冰裂纹 图八十二/个别有剥釉现象/个别见微小杂质

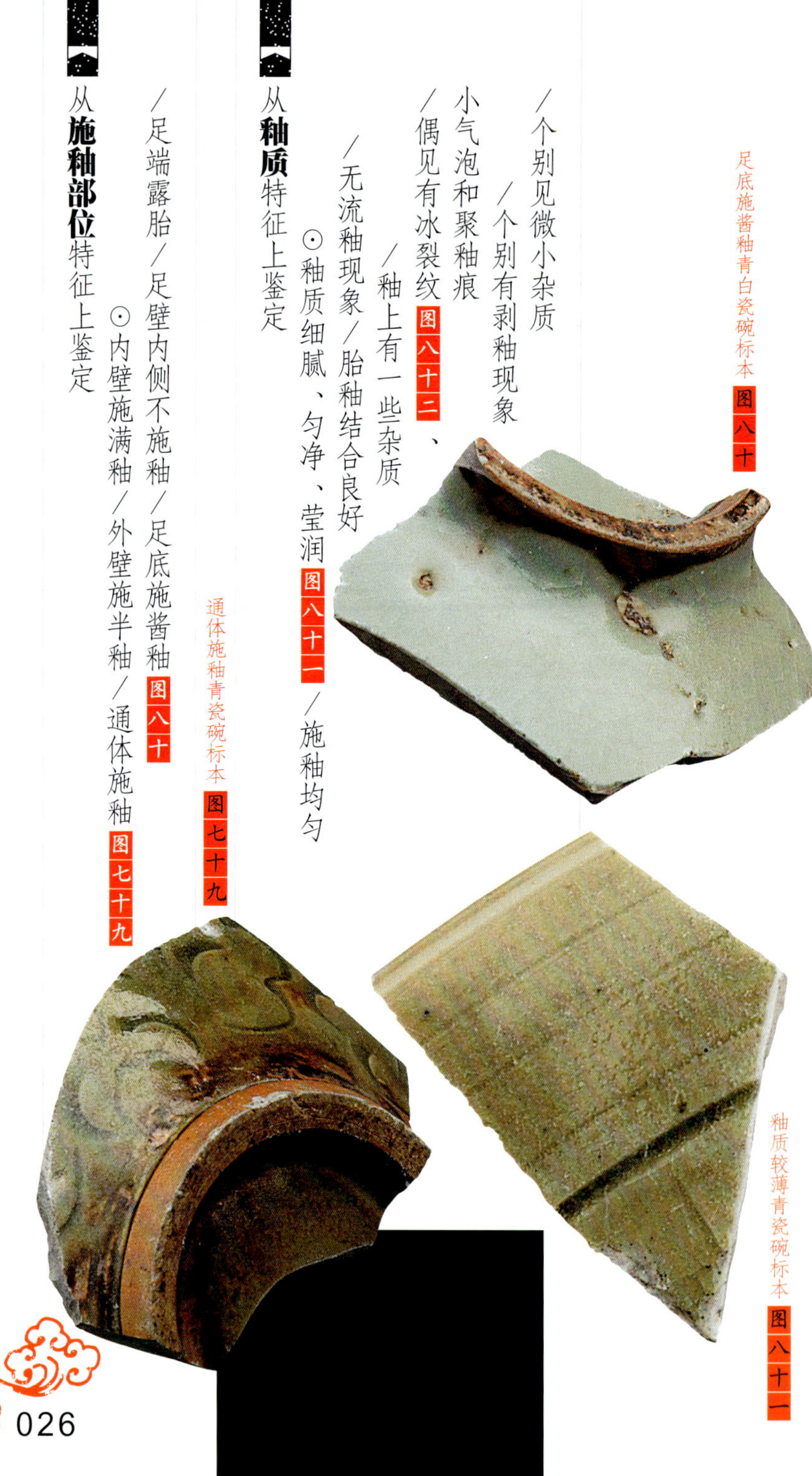

足底施酱釉青白瓷碗标本 图八十

通体施釉青瓷碗标本 图七十九

釉质较薄青瓷碗标本 图八十一

从纹饰特征上鉴定

⊙青瓷器主要是以釉色取胜，将纹饰放于很次要的位置，不是很丰富图八十三/偶见有纹饰者/阴线弦纹/波浪纹/弦纹/冰裂纹/细弦纹/碎冰裂纹/刻画花卉图八十四/莲瓣纹图八十五

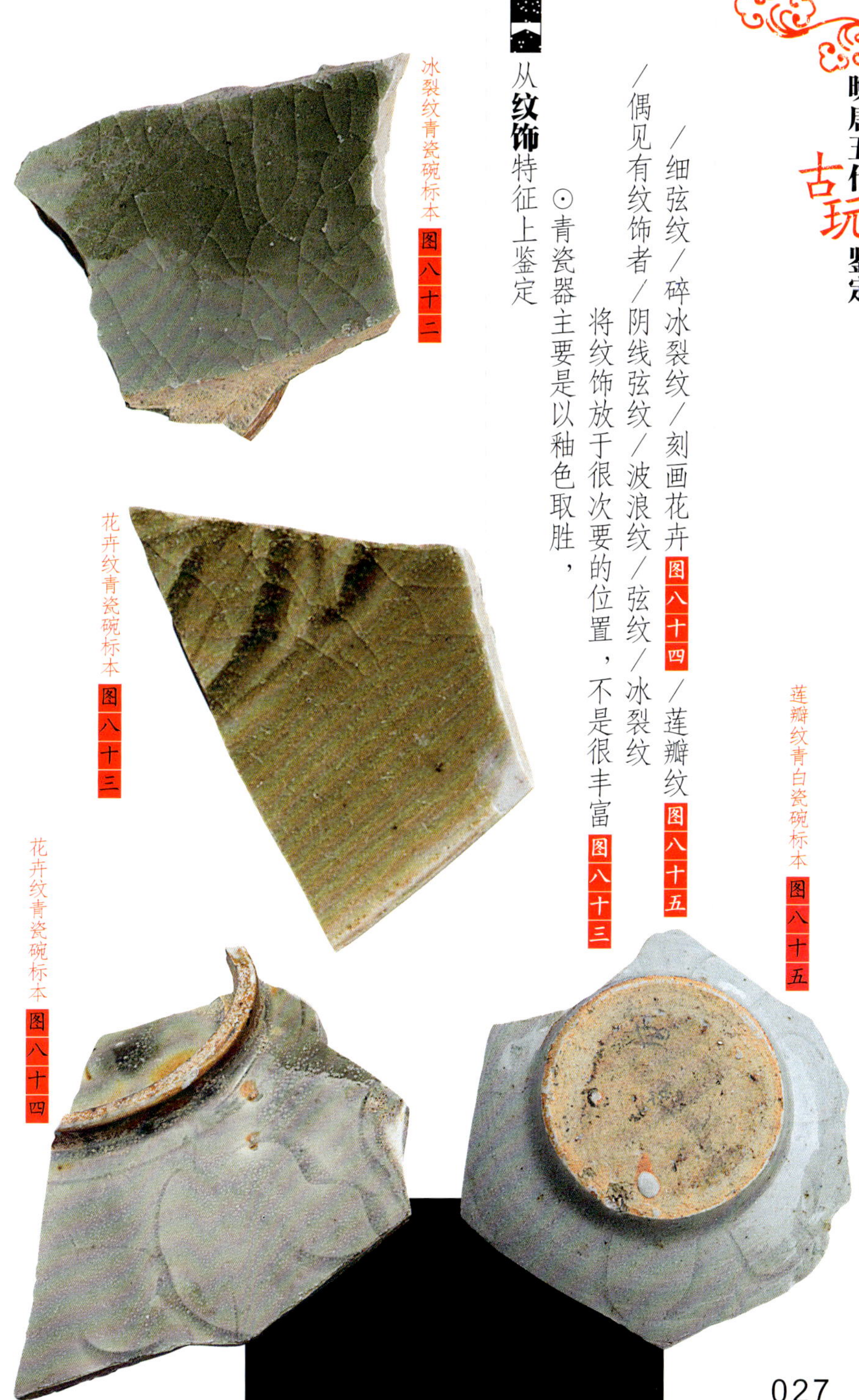

冰裂纹青瓷碗标本 图八十二

花卉纹青瓷碗标本 图八十三

花卉纹青瓷碗标本 图八十四

莲瓣纹青白瓷碗标本 图八十五

从**施纹部位**特征上鉴定

⊙通体饰纹／外下腹饰纹／外腹饰纹 图八十六／外上腹饰纹／器内饰纹／内壁饰纹／内底饰纹 图八十七／口沿下饰纹

从**胎色**特征上鉴定

⊙白色／灰褐色 图八十八／雪白色／红褐色／灰白色／紫褐色／灰黑色／砖红色／砖黄色／纯白色 图八十九／鸡骨白色／深褐色／青灰色／淡青色

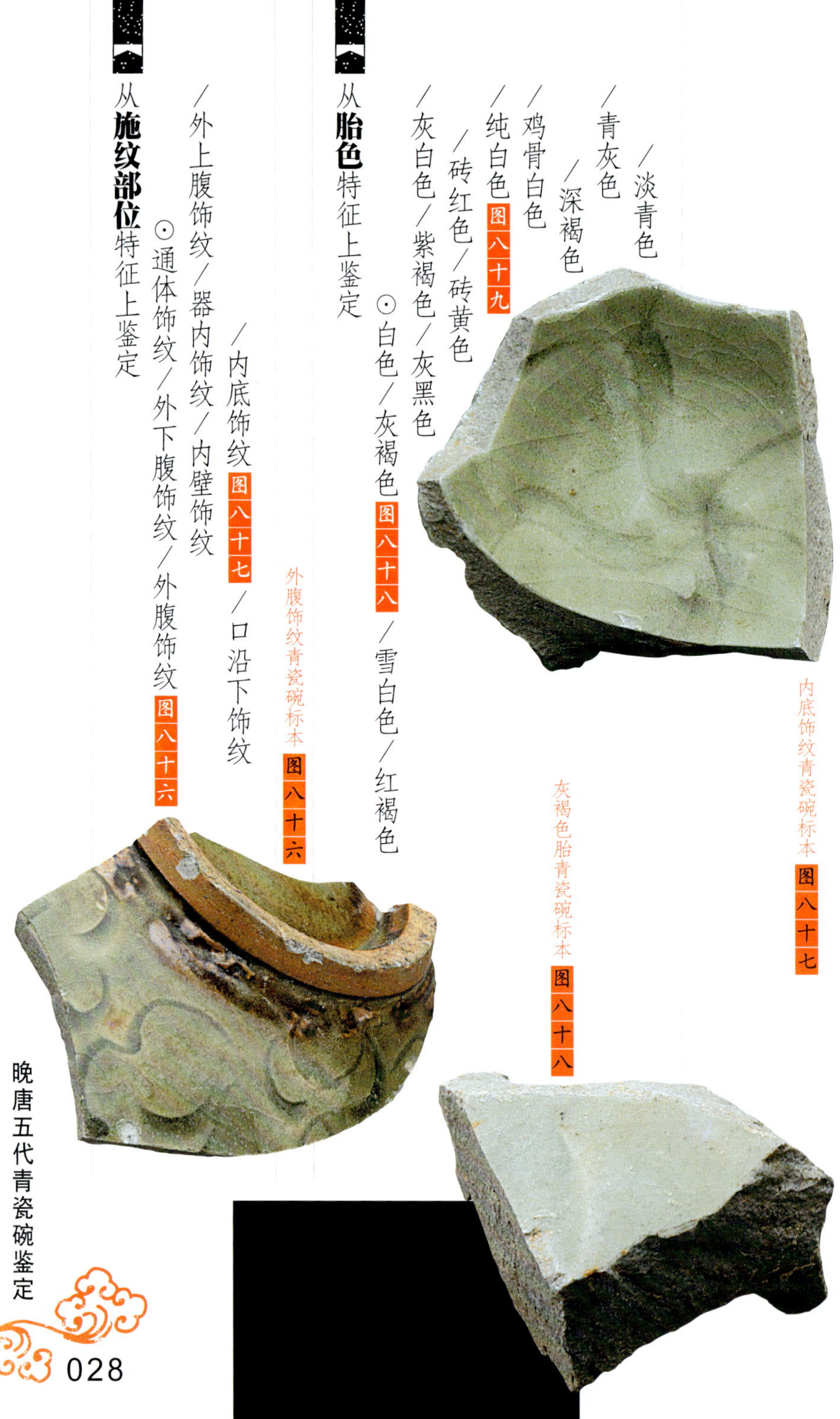

外腹饰纹青瓷碗标本 图八十六

内底饰纹青瓷碗标本 图八十七

灰褐色胎青瓷碗标本 图八十八

纯白色胎青白瓷碗标本 图八十九

胎体略粗青瓷碗标本 图九十

胎质细腻青瓷碗标本 图九十一

从**胎质**特征上鉴定

⊙淘洗精细／胎壁较薄／胎略粗图九十／胎质细腻的图九十一

从**做工**特征上鉴定

⊙多数做工精湛，修胎仔细图九十二，施釉均匀／少数见有粗糙器，粗糙器多为北方窑场或小窑口烧造

修胎仔细青釉瓷碗标本 图九十二

从**支钉**特征上鉴定

⊙圈足常见垫圈支痕/器内外有支钉痕迹/支钉痕大小不一/松子状支痕/点状支痕 图九十三/长条形支痕/支痕较为密集/不规则状支痕 图九十四

从**烧造技术**上鉴定

⊙烧造技术多精湛 图九十五 /个别小窑口较差/主要是以叠烧为主/匣钵装烧使用不多/单件较精致器多用匣钵，多数以商品瓷为主

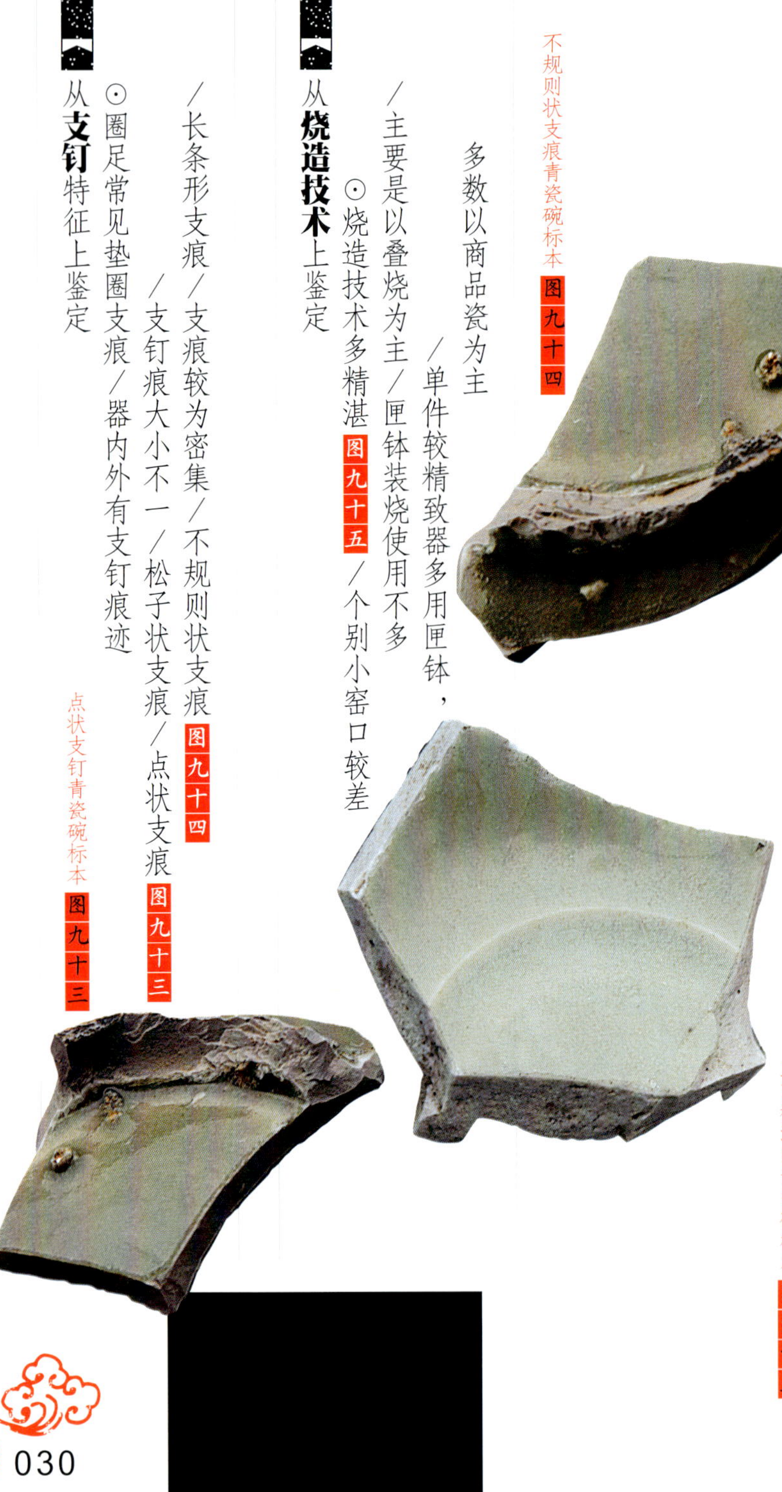

不规则状支痕青瓷碗标本 图九十四

工艺精湛的青瓷碗标本 图九十五

点状支钉青瓷碗标本 图九十三

从**光泽**特征上鉴定

⊙非金属光泽／多高光泽／个别光泽较弱 图九十七／多数反光刺眼

从**烧造温度**上鉴定

⊙烧造温度较高 图九十六／偶见较低温的／偶见因温度过高出现冰裂纹／温度高者手感滑润

烧造温度较高青瓷碗标本 图九十六

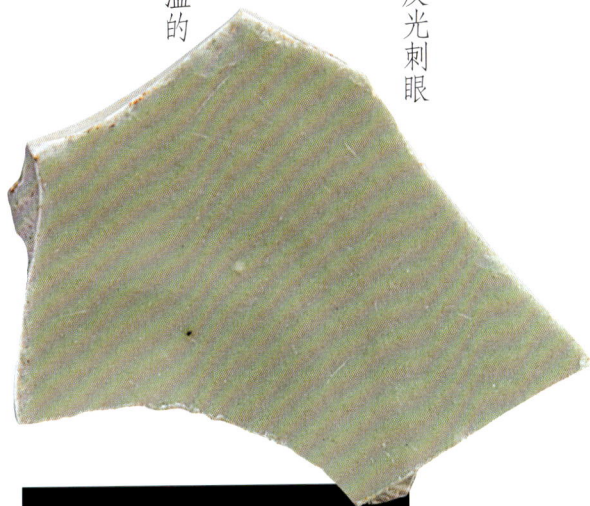

光泽较弱青釉瓷碗标本 图九十七

从**完残**特征上鉴定

⊙墓葬出土完整器多／遗址出土多为残片 图九十八 图九十九

从**铭文**特征上鉴定

⊙偶见铭文器 图一〇〇／铭器十分稀少，珍贵

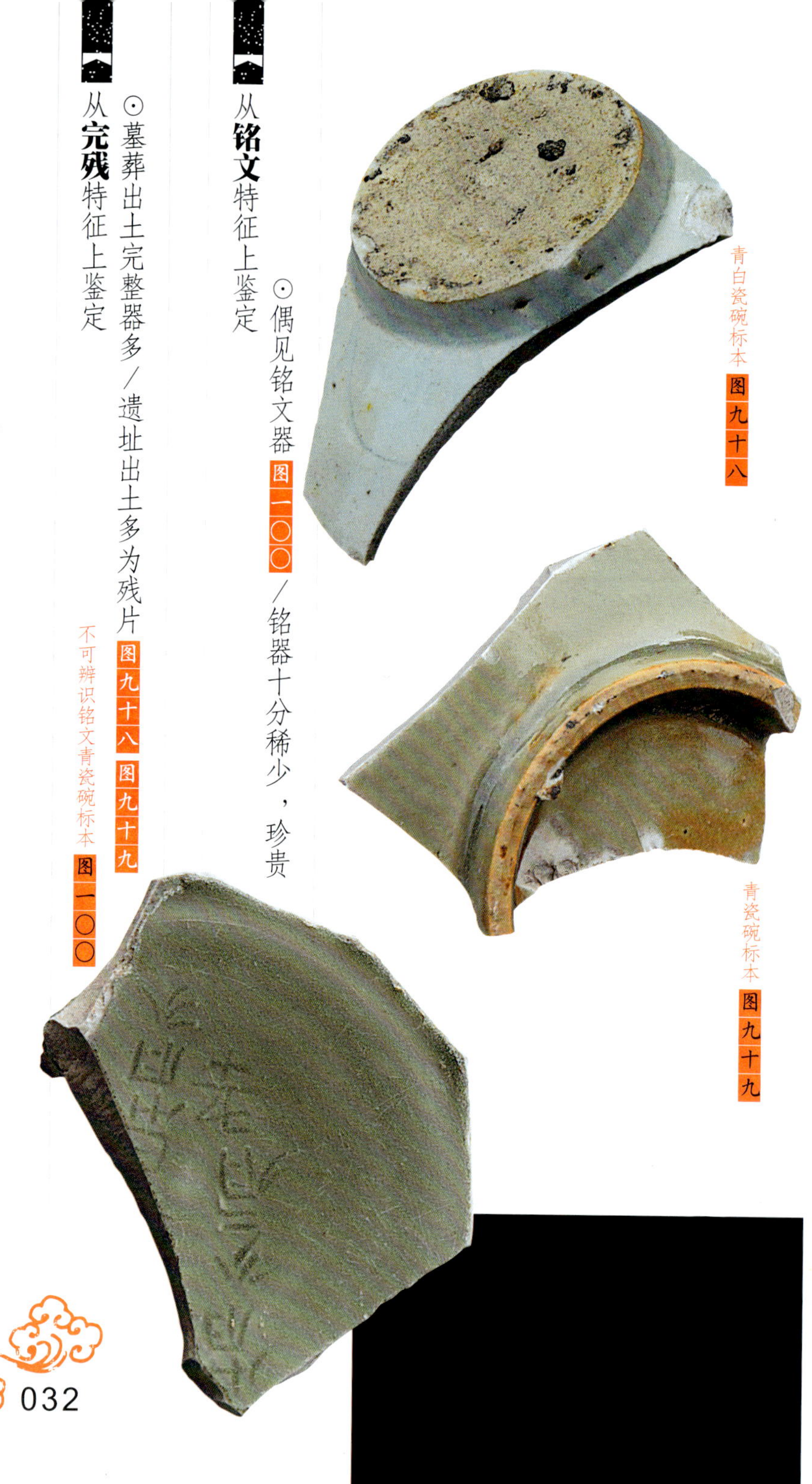

青白瓷碗标本 图九十八

青瓷碗标本 图九十九

不可辨识铭文青瓷碗标本 图一〇〇

第叁章 晚唐五代三彩罐鉴定

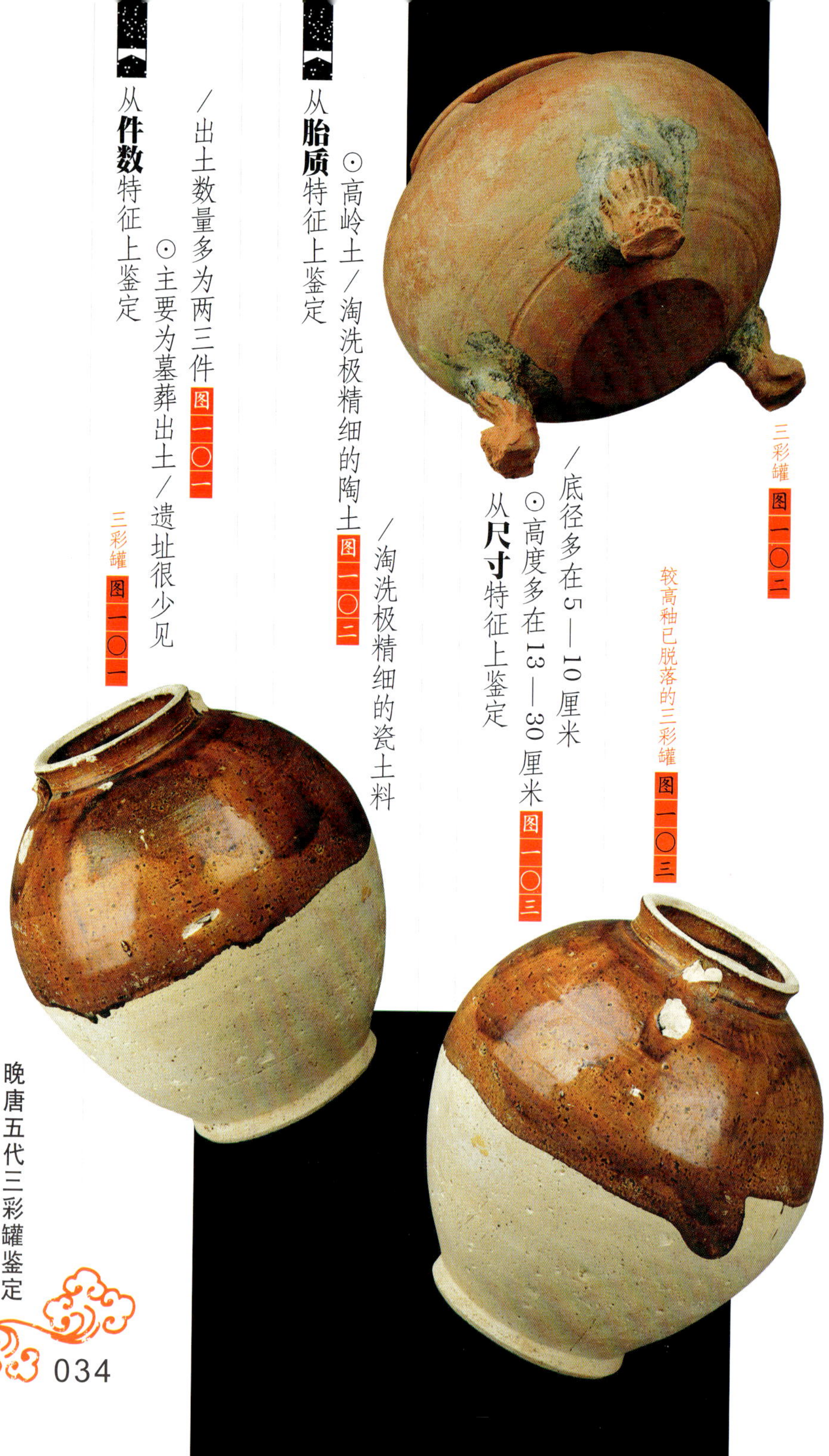

三彩罐 图一〇二

较高釉已脱落的三彩罐 图一〇三

从**尺寸**特征上鉴定

/底径多在5—10厘米

⊙高度多在13—30厘米 图一〇三

从**胎质**特征上鉴定

⊙高岭土/淘洗极精细的陶土 图一〇二

/淘洗极精细的瓷土料

从**件数**特征上鉴定

/出土数量多为两三件 图一〇一

⊙主要为墓葬出土/遗址很少见

三彩罐 图一〇一

从**腹部**特征上鉴定

⊙弧腹／圆弧腹／弧鼓腹图一〇五／鼓腹缓收／矮腹／腹圆鼓较甚

从**唇部**特征上鉴定

⊙尖唇／尖圆唇／圆唇

从**口部**特征上鉴定

⊙敛口／微敛口／直口图一〇四／口微侈／子母口

直口三彩罐 图一〇四

弧鼓腹三彩罐 图一〇五

从**底部**特征上鉴定

⊙饼形平底（图一〇六）/底微凸

/平底微内凹（图一〇七）

从**足部**特征上鉴定

⊙饼足/三兽足

从**釉色**特征上鉴定

⊙绿色/黄色/白色/青色

/相间色（图一〇八）/姜黄色

/紫黄色/蓝色/酱红色

饼形平底三彩罐 图一〇六

平底微内凹三彩罐 图一〇七

白绿红相间色三彩罐 图一〇八

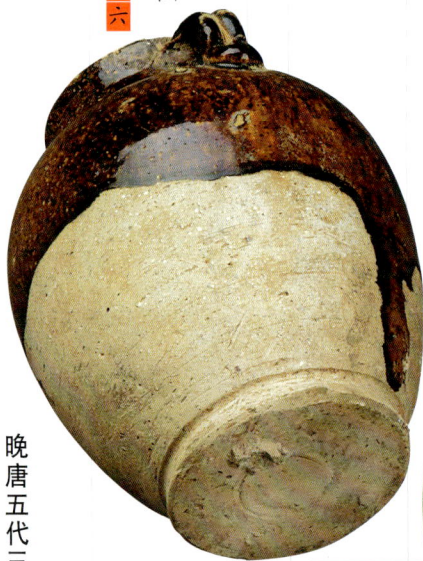

较为严重（图一一〇、图一一一）/个别胎釉剥落现象

从**胎釉**特征上鉴定

⊙胎釉结合良好/基本无脱釉和褪色现象

/色彩艳丽（图一〇九）/流光溢彩

从**釉质**特征上鉴定

⊙釉质较好/光泽感强/自然明快

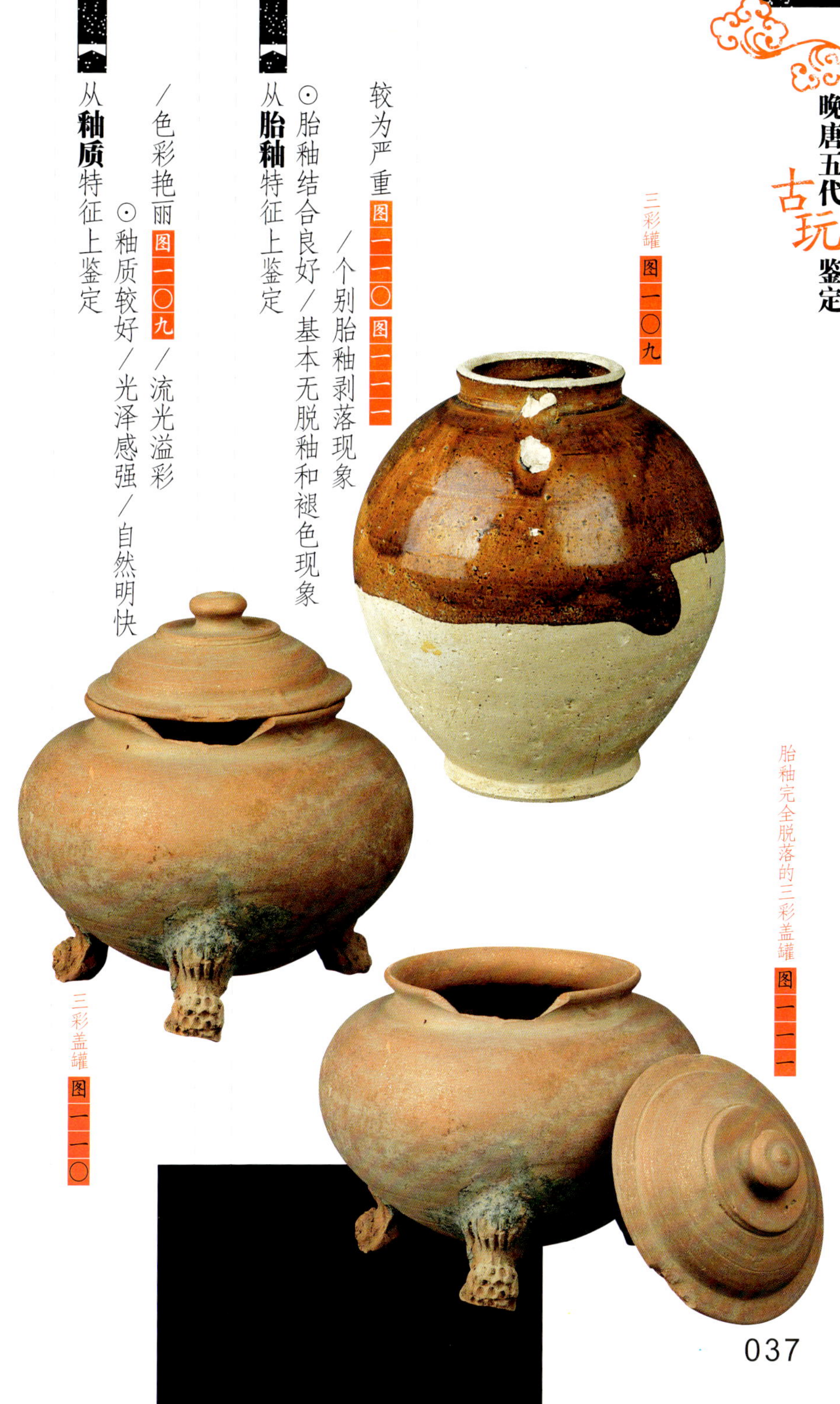

三彩罐（图一〇九）

三彩盖罐（图一一〇）

胎釉完全脱落的三彩盖罐（图一一一）

从**施釉**特征上鉴定

⊙多施半釉／施釉仅至腹中下部 图一一二／底部不施釉／流釉现象较严重 图一一三／盖部多施釉

从**盖部**特征上鉴定

⊙有盖三彩罐常见／盖多呈穹形 图一一四／盖上有握手

从**口径**特征上鉴定

⊙口径多集中在10厘米左右

穹形盖三彩罐 图一一四

釉至腹中部三彩罐 图一一二

流釉现象严重三彩罐 图一一三

第肆章 晚唐五代低温釉瓷碟鉴定

从**造型**特征上鉴定

⊙大小略有差异/同一墓葬出土造型多相近

/造型有一定的固定化趋势 图一一六

有固定化趋势的低温黄釉瓷碟造型 图一一六

从**窑口**特征上鉴定

⊙北方和南方窑场都有烧造/多为一些较具规模的地方窑场

/很小的窑场从技术上很难达到

低温蓝釉瓷碟 图一一五

从**时代背景**上鉴定

/胎模仿瓷器/胎体为瓷土

晚唐五代低温釉瓷与三彩多有相近之处

/低温釉技术模仿三彩 图一一五，

⊙低温釉瓷脱胎于三彩，但又不同三彩

从尺寸特征上鉴定

⊙口径多在15—20厘米 图一一七

/底径多在5—10厘米 图一一八

/高度多在4—8厘米 图一一九

/胎厚多在0.2—0.3厘米

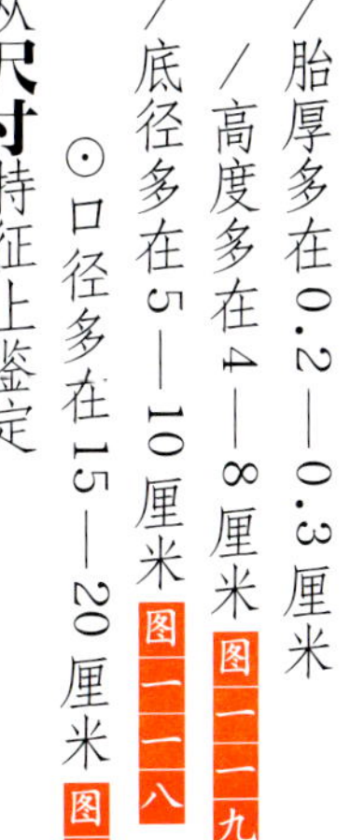

口径较大低温黄釉瓷碟 图一一七

底径较大低温黄釉瓷碟 图一一八

较矮低温黄釉瓷碟 图一一九

从**口部**特征上鉴定

⊙敞口/侈口/侈口微敛/大敞口/盘口/盘口较浅

/盘口有弧度/花瓣口图一二〇/讲究设计的美感

从**唇部**特征上鉴定

⊙尖唇/方唇/圆唇图一二一/唇较厚

/尖圆唇/唇较薄/花口唇

花瓣口低温黄釉瓷碟 图一二〇

圆唇低温蓝釉瓷碟标本 图一二一

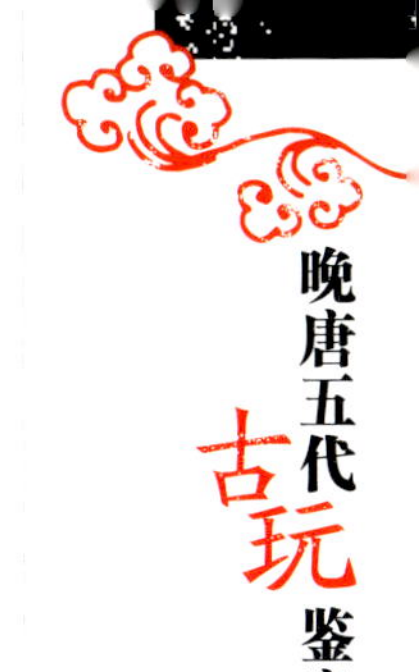

从腹部特征上鉴定

⊙弧腹/浅腹/浅弧腹/鼓腹/曲腹/浅鼓腹/弧曲腹/盘腹/多见花瓣形腹 图一二三

从沿部特征上鉴定

⊙侈沿/微卷沿/弧沿/微折上卷沿/折沿较甚/宽折沿/宽沿/宽沿外撇 图一二二

宽沿外撇低温蓝釉瓷碟标本 图一二二

花瓣形腹低温黄釉瓷碟 图一二三

低温蓝釉瓷碟 图一二五

矮圈足低温釉瓷蝶 图一二四

从**釉色**特征上鉴定

⊙蓝釉（图一二五）/黄釉/淡蓝釉/深蓝釉/浅黄釉/深青釉

从**足部**特征上鉴定

⊙圈足/矮圈足（图一二四）/圈足较宽/足壁较厚/修胎较好，个别修胎不仔细

从**底部**特征上鉴定

⊙平底/足底刮釉/大平底/底较圆/平底微凹/平底微凸

从**釉质**特征上鉴定

⊙釉质细腻/釉质匀净

/釉质稍厚/施釉均匀 图一二七

/胎釉结合不是很好，偶见胎釉结合良好

/釉上有些杂质/有剥釉现象

/釉中个别有微小杂质

图一二七 施釉均匀的低温黄釉瓷碟

从**施釉部位**特征上鉴定

⊙内壁施满釉/外壁施釉至下腹部/底部不施釉

/足部不施釉/外壁施釉至口沿下 图一二六

/外壁施釉至腹中部/外壁施釉至圈足

图一二六 外壁施釉至口沿下的低温釉瓷碟标本

从**低温釉**特征上鉴定

⊙弱光泽/偶见未烧好者光泽较强

/光泽柔和 图一二八

/手感滑润，摸起来有『棉』感

从**纹饰**特征上鉴定

⊙纹饰不是很丰富，但很有特点

/多见花瓣纹，少见云纹

/纹饰十分清晰，多为浮雕式花瓣 图一二九

/纹饰写意与仿真并举

/花瓣多大小相似，位置多近对称

/碟内心常见花纹

光泽柔和的低温蓝釉瓷碟 图一二八

/胎体坚硬，偶见胎体不是很坚固

/胎质致密、细腻 图一三一

从**胎质**特征上鉴定

⊙淘洗精练/胎壁较薄/胎略粗，较厚

/灰白色/紫褐色

从**胎色**特征上鉴定

⊙白色/黄色/土黄色/红褐色

/内心饰纹 图一三〇

从**施纹部位**特征上鉴定

⊙外壁施纹/内壁施纹/内外壁施纹者很少见

浮雕式花瓣纹低温黄釉瓷碟 图一二九

胎质细腻的低温黄釉瓷蝶 图一三一

内心施纹的低温黄釉瓷碟 图一三〇

从**烧造温度**上鉴定

⊙烧造温度较低，多在800摄氏度左右/偶见较高者/当烧制温度低到一定程度时就容易发生变形/偶见有变形较严重的 图一三三

从**变形器**上鉴定

⊙轻微变形/多为体变形

从**做工**特征上鉴定

⊙多数做工精湛，造型隽永 图一三二/雕刻凝硕/也见做工粗糙者/施釉少/多见釉质较好者/偶见釉质不是很好者

造型隽永的低温黄釉瓷碟 图一三二

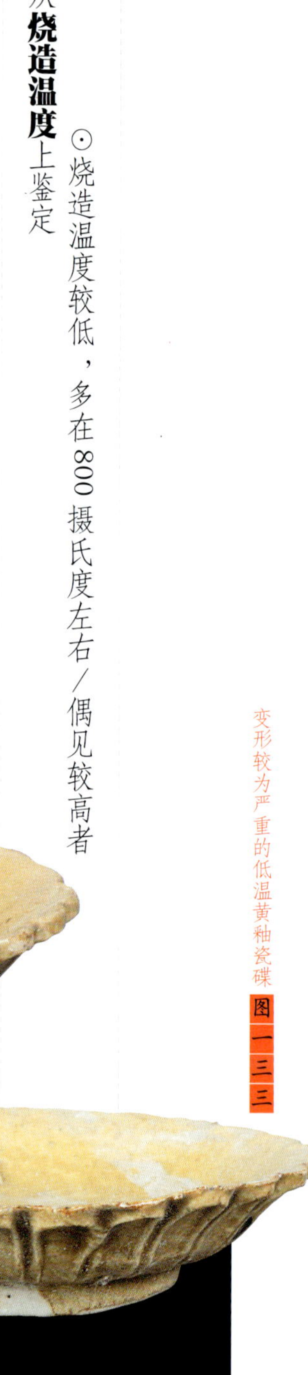

变形较为严重的低温黄釉瓷碟 图一三三

从低温瓷特征上鉴定

⊙低温瓷碟有非金属弱光泽，多有『棉』感 图一三五 /低温瓷碟玉质感强

从高温瓷特征上鉴定

⊙高温瓷碟闪烁强光，失去『棉』感 /高温瓷碟玉质感消失

从烧造技术上鉴定

⊙主要是调和高低温釉的矛盾 图一三四 /高温烧制的就不是低温釉瓷器，而低温胎体容易变形

手有『棉』感的低温黄釉瓷碟 图一三五

低温黄釉瓷碟 图一三四

从作伪特征上鉴定

/有很多人误为三彩器

⊙少见伪器/近几年有仿，但高仿器不多

从功能特征上鉴定

/观赏器

/明器，但未见有专有明器的功能 图一三七

⊙主要为实用器

从化妆土特征上鉴定

/化妆土薄而细腻，施加均匀

⊙基本都施白色化妆土 图一三六/较好者不见化妆土

/有磕碰痕或较次者能看到化妆土

实用器低温黄釉瓷碟 图一三七

施白色化妆土的低温黄釉瓷碟 图一三六

第伍章 晚唐五代瓷碗鉴定

从**件数**特征上鉴定

/遗址数量较多/墓葬数量多为几件（图一三九）

⊙多为遗址出土（图一三八）/墓葬也有出土

从**尺寸**特征上鉴定

/口径多在15—18厘米（图一四一）

⊙高度多在5—10厘米（图一四〇）

/底径多在5—7厘米（图一四二）

白瓷碗标本（图一三八）

白瓷碗（图一三九）

较高白瓷碗 图一四〇

口径较大白瓷碗 图一四一

底径较小白瓷碗标本 图一四二

从**口部**特征上鉴定

/侈口/口微侈/花口 图一四四

⊙敞口/口微敛/大敞口 图一四三

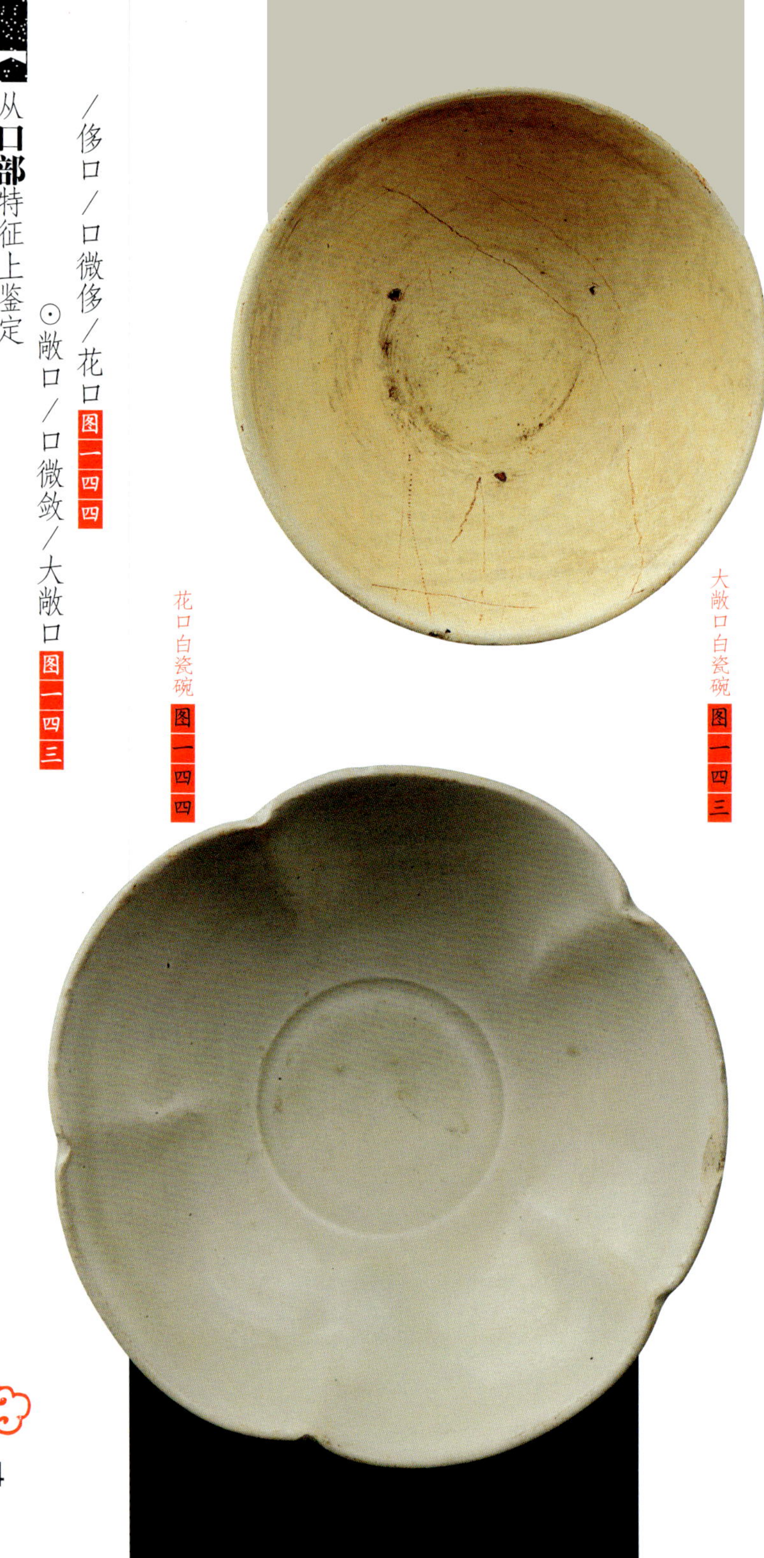

大敞口白瓷碗 图一四三

花口白瓷碗 图一四四

从唇部特征上鉴定

⊙厚唇／尖唇／圆唇 图一四五／方唇／尖圆唇 图一四六

圆唇白瓷碗 图一四五

尖圆唇白瓷碗 图一四六

从腹部特征上鉴定

⊙腹略深／深腹／花棱腹图一四七／弧腹较深／鼓腹图一四八／微鼓腹／弧鼓腹／浅腹图一四九／折腹／鼓腹斜收／斜弧腹图一五〇／腹部多有一些旋削痕迹

从碗壁特征上鉴定

⊙斜直壁图一五一／弧壁／圈足内旋挖成两层台面

鼓腹白瓷碗标本 图一四八

花棱腹白瓷碗 图一四七

斜弧腹白瓷碗 图一五〇

斜直壁白瓷碗 图一五一

浅腹白瓷碗 图一四九

从**底部**特征上鉴定

⊙底心微凹图一五二／内底宽平／内底多有一周涩圈

／平底／平底微凸／小平底图一五三

／大平底／饼形底图一五四

从**足部**特征上鉴定

⊙圈足／矮圈足图一五五／实足／圈足较宽

／假圈足图一五六／削足规整

／削足草率／玉璧足图一五七

／圈足外撇图一五八／玉璧足较矮

平底微内凹白瓷碗 图一五二

小平底白瓷碗 图一五三

饼形底黄釉瓷碗 图一五四

矮圈足白瓷碗标本 图一五五

假圈足白瓷碗标本 图一五六

玉璧足白瓷碗 图一五七

圈足外撇白瓷碗标本 图一五八

从**纹饰**特征上鉴定

⊙边缘多有一圈弦纹／主要是以釉质取胜

从**胎色**特征上鉴定

⊙白胎／灰白胎图一五九／灰胎／灰黄胎图一六〇／灰黑胎／夹砂灰褐胎图一六一／夹砂灰白胎／砖黄胎图一六二

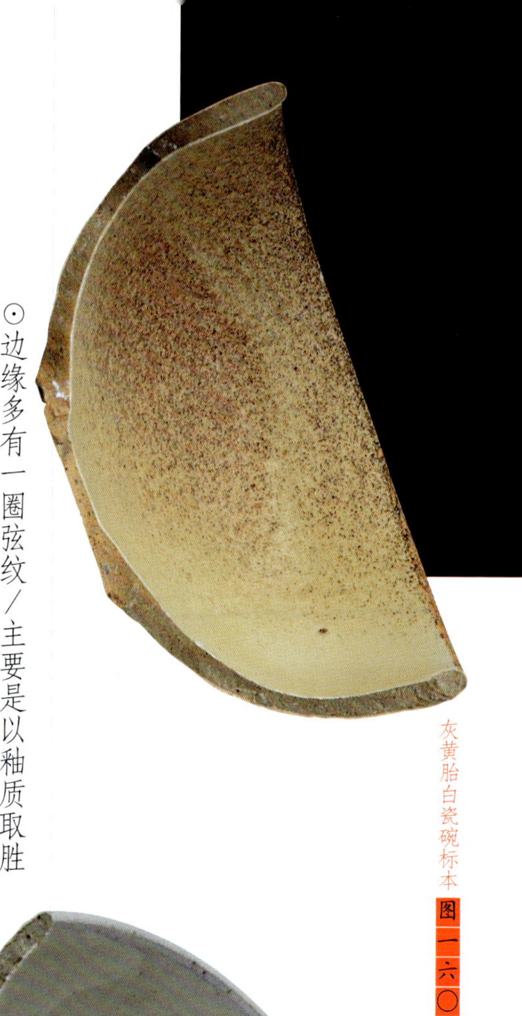

灰黄胎白瓷碗标本 图一六〇

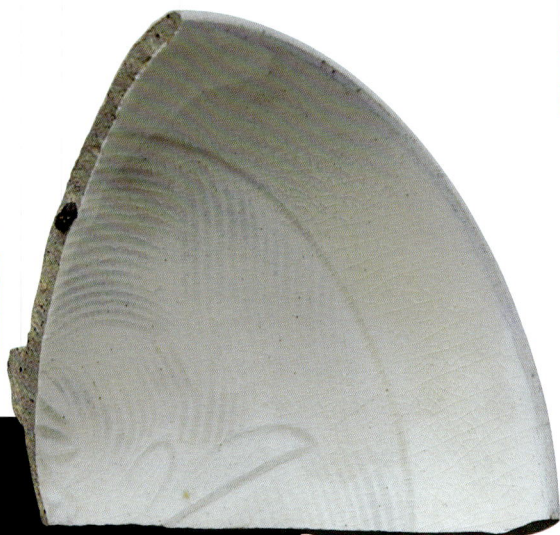

灰白胎白瓷碗标本 图一五九

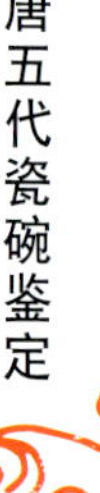

夹砂灰褐胎黄釉瓷碗标本

图一六一

砖黄胎白釉瓷碗标本

图一六二

从釉色特征上鉴定

⊙青釉 图一六三 /白釉微泛黄 图一六四 /淡青泛黄 图一六五 /青绿色釉 图一六六 /青黄釉 图一六七

青釉瓷碗标本 图一六三

白釉泛黄白瓷碗 图一六四

青绿色釉青瓷碗标本

图一六六

青黄釉青瓷碗标本

图一六七

淡青釉泛黄青瓷碗标本

图一六五

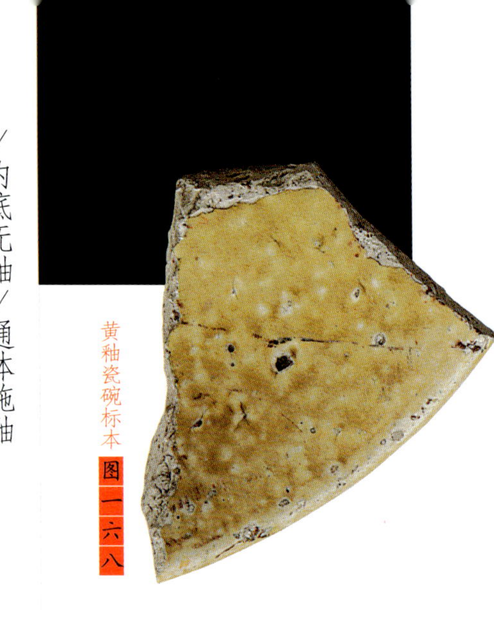

黄釉瓷碗标本 图一六八

淡黄釉瓷碗标本 图一六九

粗胎黄釉瓷碗标本 图一七〇

/内底无釉/通体施釉

⊙内满釉而外不及底/内外施釉不及底/施釉不及底 图一七五

从**施釉部位**上鉴定

/白釉泛青 图一七三/湖青釉 图一七四

/粗胎黄釉 图一七〇/白釉 图一七一/乳白釉 图一七二

/青釉呈现点状乳白釉/黄釉 图一六八/淡黄釉 图一六九

乳白釉瓷碗标本 图一七二

白釉瓷碗标本 图一七一

白釉泛青白瓷碗标本 图一七三

湖青釉青瓷碗标本 图一七四

施釉不及底白釉瓷碗标本 图一七五

从沿部特征上鉴定

⊙口沿多微内敛

从支钉痕迹上鉴定

⊙内底及圈足沿上有十几个支钉痕

/多为小支钉痕 图一七八 /内心常粘连三个泥块状支钉

从釉质上鉴定

⊙厚薄不匀/有流釉现象/釉不透明/手感润滑

/有脱釉现象/胎釉结合良好 图一七七

/釉层均匀 图一七六 /手感粗糙/胎釉结合不好

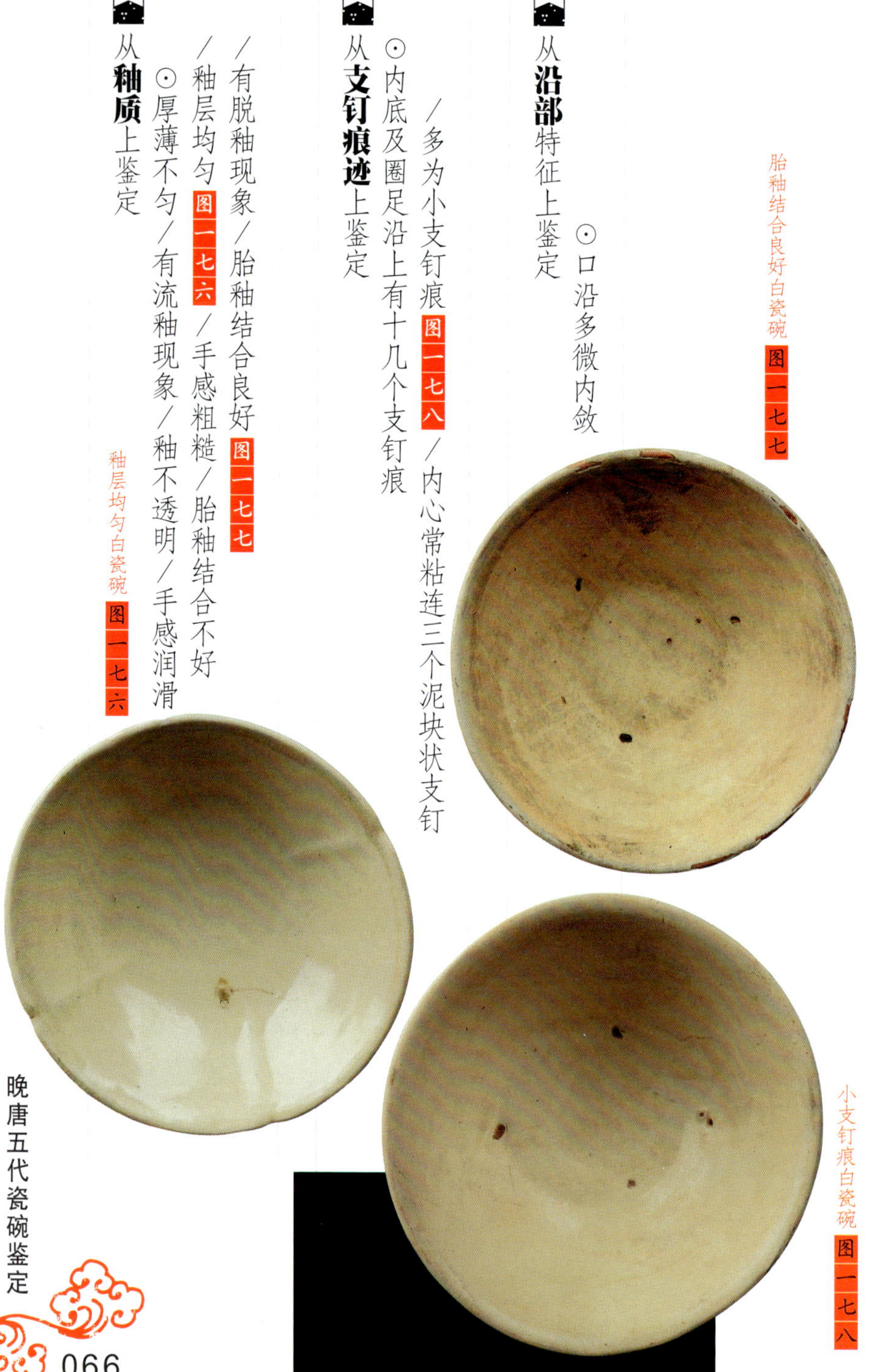

胎釉结合良好白瓷碗 图一七七

釉层均匀白瓷碗 图一七六

小支钉痕白瓷碗 图一七八

第陆章 晚唐五代瓷罐鉴定

从**尺寸**特征上鉴定

⊙高度多在12—25厘米 图一七九

/口径多在12—26厘米 图一八〇

/腹径多在6—13厘米 图一八一

/底径多在4—10厘米 图一八二

从**足部**特征上鉴定

⊙圈足/矮圈足略外敞

/高圈足 图一八三

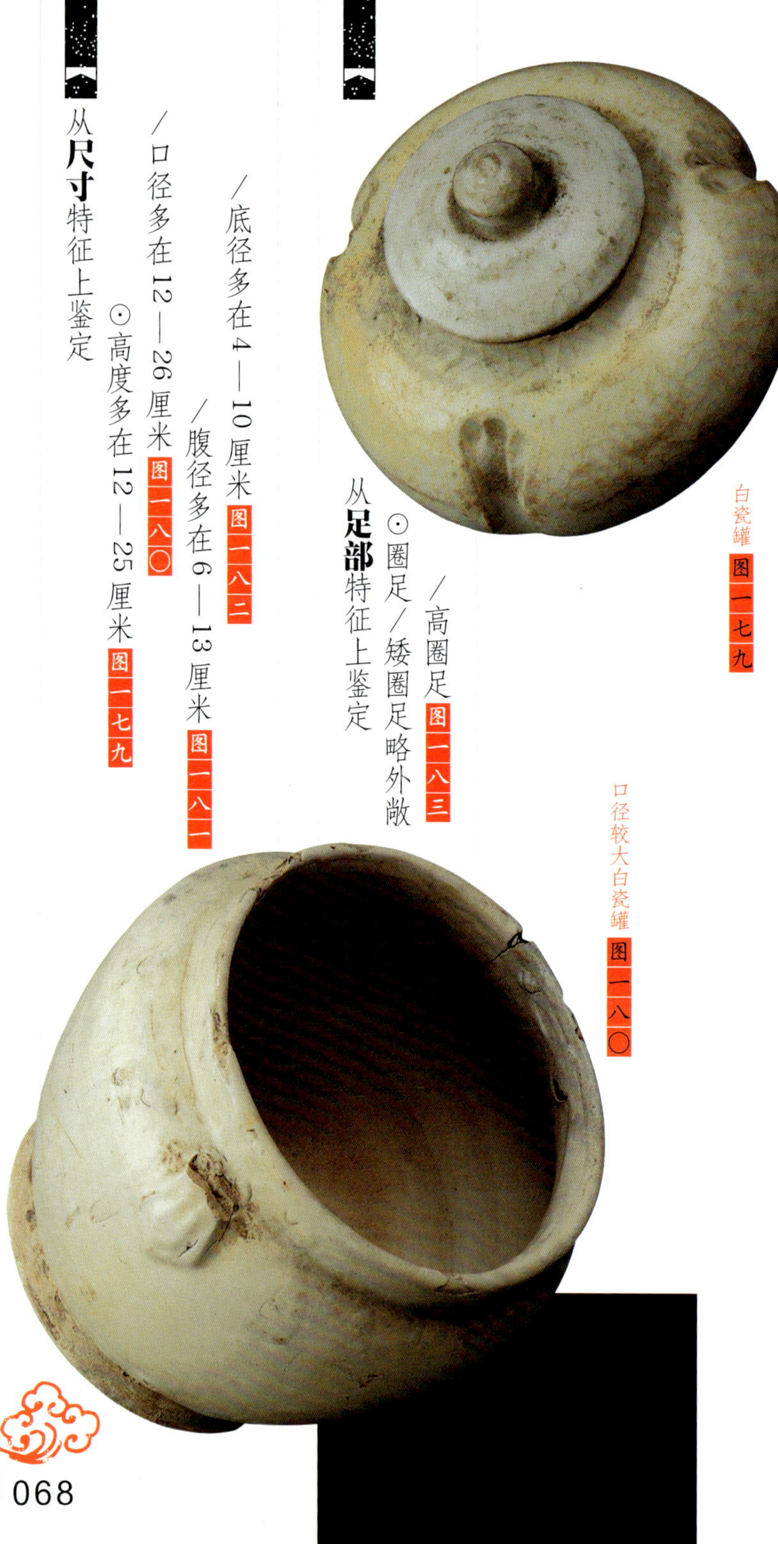

白瓷罐 图一七九

口径较大白瓷罐 图一八〇

图一八一 腹径较小黑釉瓷罐

图一八二 底径较小白瓷罐

图一八三 圈足较高白瓷罐

从造型特征上鉴定

⊙同类器形多相近 图一八四/形似水斗状/筒形罐

/造型较小/形似鼓状 图一八五/瓜棱形 图一八六

从釉质特征上鉴定

⊙黑釉 图一八七

/茶色釉泛绿/茶色釉泛黄

/白釉/雪白釉 图一八八

/灰白釉/黄釉 图一八九

黑釉双系罐 图一八四

鼓状黑釉双系罐 图一八五

瓜棱形白瓷罐 图一八六

雪白釉瓷罐 图一八八

黑釉瓷罐标本 图一八七

黄釉瓷罐标本 图一八九

从**施釉部位**上鉴定

⊙下腹及圈足露胎／外底足不施釉 图一九〇 ／外壁施釉／口、底部不施釉／口沿以下施釉／底足不施釉 图一九一 ／腹一侧釉多／盖面施釉／盖内不施釉／内部不施釉／器内施釉 图一九二

从**沿部**特征上鉴定

⊙微卷沿 图一九三 ／平沿／外沿多施黑陶衣

从**纹饰种类**上鉴定

⊙压印凸弦纹／凹弦纹／凸旋纹

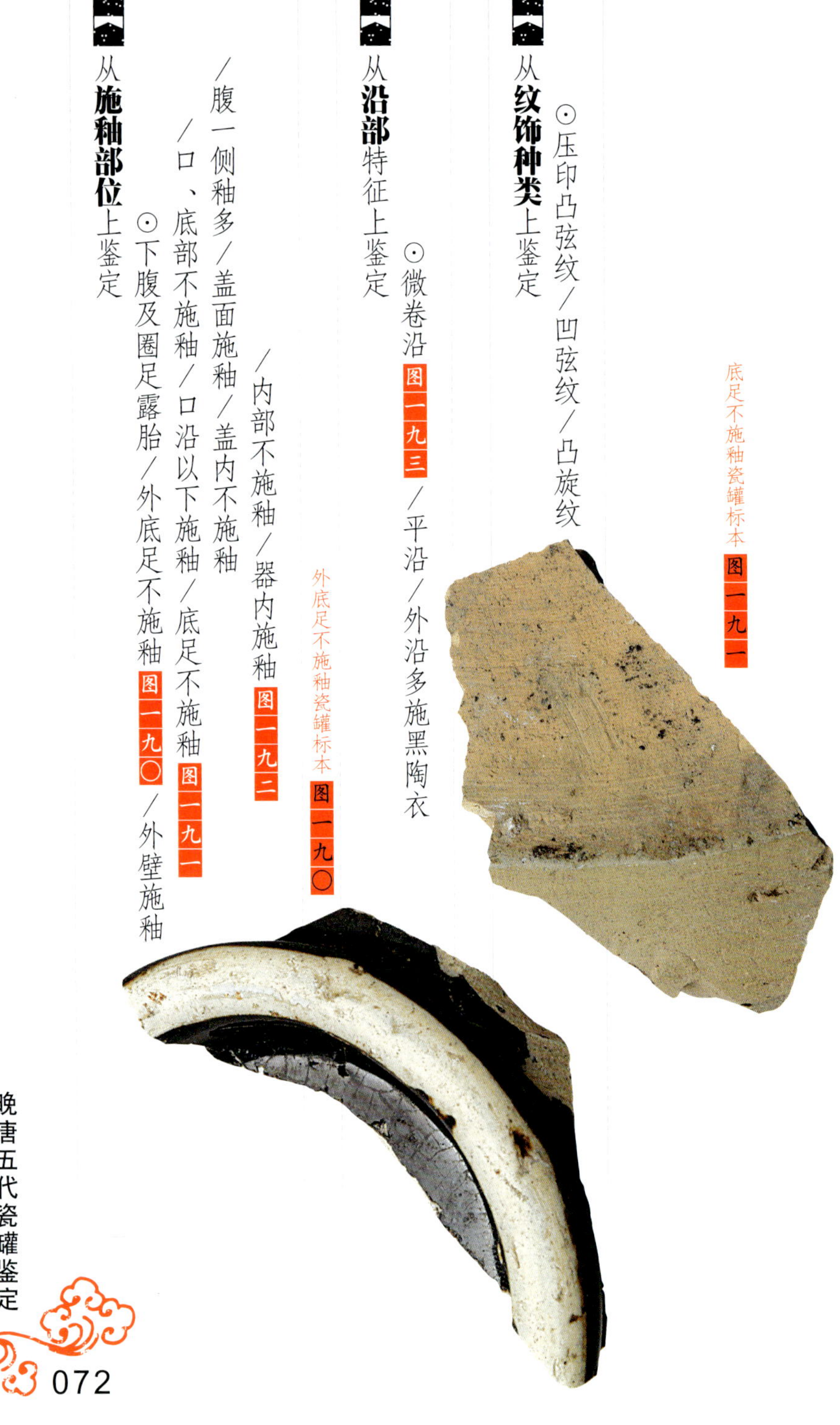

外底足不施釉瓷罐标本 图一九〇

底足不施釉瓷罐标本 图一九一

从陶衣特征上鉴定

⊙内施黑陶衣／外施黑陶衣

从施纹部位上鉴定

⊙通体施纹／肩腹部有压印纹／肩以下施纹／领内侧施纹

图一九二 器内施釉黑釉瓷罐标本

图一九三 微卷沿黑釉瓷罐

从**胎质**特征上鉴定

⊙灰白胎（图一九四）/夹砂灰白胎（图一九五）/灰褐色胎/胎体坚硬/砖红胎（图一九六）

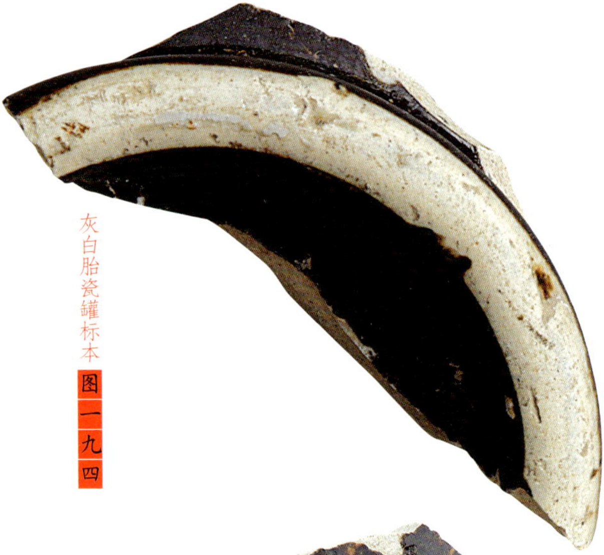

灰白胎瓷罐标本 图一九四

夹砂灰白胎瓷罐标本 图一九五

砖红胎黑釉瓷罐标本 图一九六

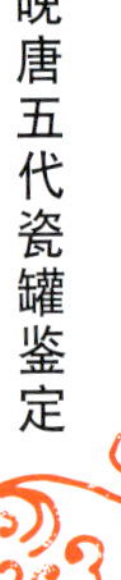

从**器表**特征上鉴定

/器表有未施釉之处 图一九七

⊙有一些疤痕/表面均净

黑釉瓷罐 图一九七

从**颈部**特征上鉴定

⊙短颈 图二〇〇/短束颈

从**口部**特征上鉴定

⊙敛口/涩口 图一九八/直口/子母口 图一九九/敞口/直口内敛

从**领部**特征上鉴定

⊙矮斜领/直领罐/领内凸

涩口黑釉双系瓷罐 图一九八

子母口黑釉双系瓷罐 图一九九

从**件数**特征上鉴定

⊙多出土于墓葬当中

／一般出土数量是一至十件之间

／少数为几十件 图二〇一

短颈黑瓷罐 图二〇〇

白釉瓷罐 图二〇一

从腹部特征上鉴定

⊙圆弧腹/深腹/鼓腹 图二〇六 /圆腹/深圆腹/腹内收/筒形腹

从盖部特征上鉴定

⊙平顶盖/圆弧顶盖/顶端多为圆钮和扁形握手/造型多相同 图二〇五 /荷叶盖/大小略有异

从肩部特征上鉴定

⊙溜肩 图二〇二 /宽肩/平肩/圆肩 图二〇三 /广肩 图二〇四

圆肩黑釉瓷罐 图二〇三

溜肩黑釉双系瓷罐 图二〇二

从**唇部**特征上鉴定

⊙方唇/圆唇/厚圆唇/方唇内勾/尖圆唇

图二〇四 广肩瓜棱形白瓷罐

图二〇五 白瓷盖罐

图二〇六 鼓腹白瓷罐

图二〇七 尖圆唇白瓷罐

从**耳部**特征上鉴定

⊙双耳罐／系环耳 图二〇九 图二一〇／耳大部缺失

从**底部**特征上鉴定

⊙小平底／小平底略内凹／平底 图二〇八／底内浅凹／有的外底部有墨书款识

平底黑釉瓷罐 图二〇八

黑釉瓷罐 图二一〇

黑釉瓷罐环耳标本 图二〇九

第柒章
晚唐五代瓷瓶鉴定

从**口部**特征上鉴定

/盘状口 图二一三 /敞口/小口

⊙喇叭口/侈口

从**高度**特征上鉴定

/腹径多在11—13厘米

/底径多在6—12厘米 图二一二

⊙高度多在15—30厘米/口径多在4—6厘米

从**件数**特征上鉴定

/数量多为几件 图二一一

⊙多为墓葬出土/遗址出土完整器很少

底径较大黑瓷瓶 图二一二

黑釉瓷瓶 图二一一

从**唇部**特征上鉴定

⊙圆唇／尖唇图二一四／方圆唇／尖圆唇

从**颈部**特征上鉴定

⊙细长颈／束颈图二一五／短颈／细颈

尖唇黑釉瓷瓶 图二一四

束颈黑釉瓷瓶标本 图二一五

盘状口黑釉瓷瓶标本 图二一三

从肩部特征上鉴定

⊙弧肩/溜肩图二一六/圆肩

溜肩黑釉瓷瓶 图二一六

从腹部特征上鉴定

⊙鼓腹图二一七/腹下收/斜直腹/卵形腹/弧腹

从底部特征上鉴定

⊙平底微凹/玉璧形底/底下凹/底内凸起/平底图二一八/底微外撇

鼓腹黑釉瓷瓶 图二一七

平底黄釉瓷瓶标本 图二一八

从施釉特征上鉴定

⊙施釉较薄／施釉均匀／釉质细腻／手感滑润 图二二一

从施釉部位上鉴定

／施半釉／通体施釉／底足多无釉

⊙通体施釉不及底 图二二〇 ／内外壁通体施釉

从施釉种类上鉴定

／青釉泛黄／淡黄釉 图二一九

⊙白釉／黑釉／青釉

手感相当滑润黄釉瓷瓶标本 图二二一

淡黄釉瓷瓶标本 图二一九

施釉不及底黑釉瓷瓶 图二二〇

从**质感**特征上鉴定

⊙玻璃质感较强／质地粗糙／细腻胎体不多见 图二二四

从**胎色**特征上鉴定

⊙白胎／灰胎／灰白胎 图二二三

从**完残**特征鉴定

⊙多数有损／少数完好无损／有一些聚釉层

从**胎釉结合**上鉴定

⊙胎釉结合良好／只有少数器物的釉质较差 图二二二

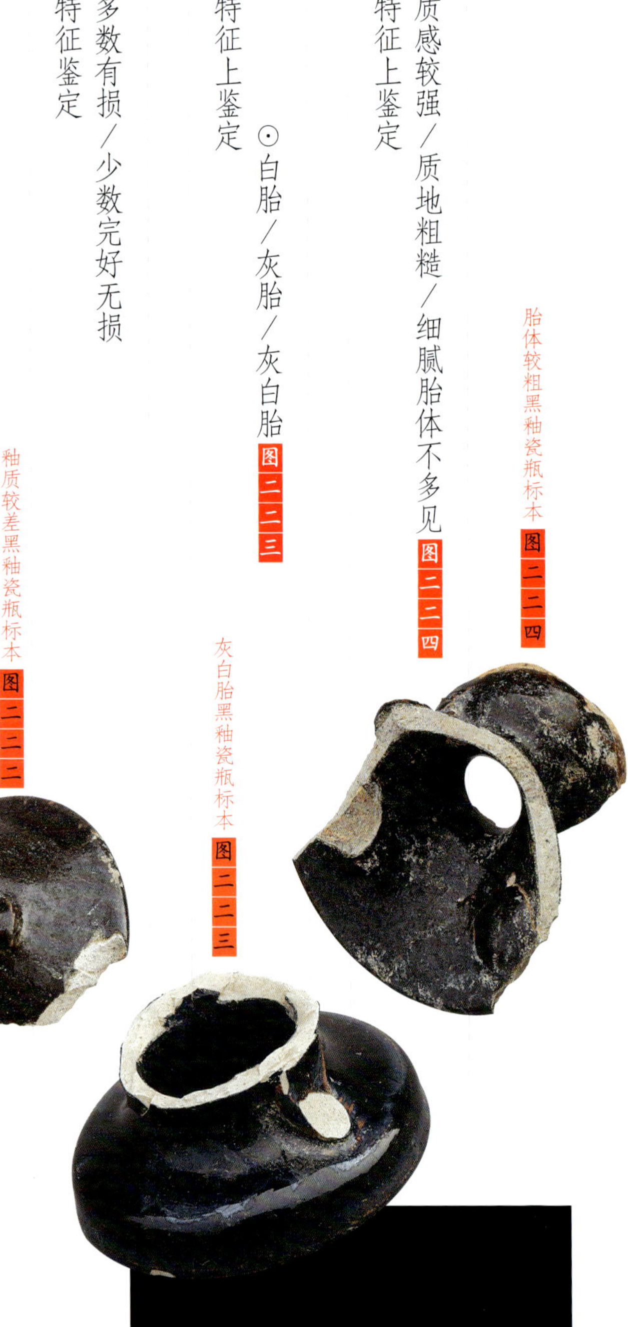

胎体较粗黑釉瓷瓶标本 图二二四

灰白胎黑釉瓷瓶标本 图二二三

釉质较差黑釉瓷瓶标本 图二二二

第捌章
晚唐五代素胎瓷执壶鉴定

从口部特征上鉴定

⊙直口／口微侈／口微敛 图二二七

从胎质特征上鉴定

⊙高岭土／淘洗极精细的瓷土

从尺寸特征上鉴定

⊙高度多在8—16厘米／口径多在5—10厘米／底径多在5—8厘米 图二二六

从件数特征上鉴定

⊙主要为墓葬出土／遗址很少见／出土数量多为两三件 图二二五

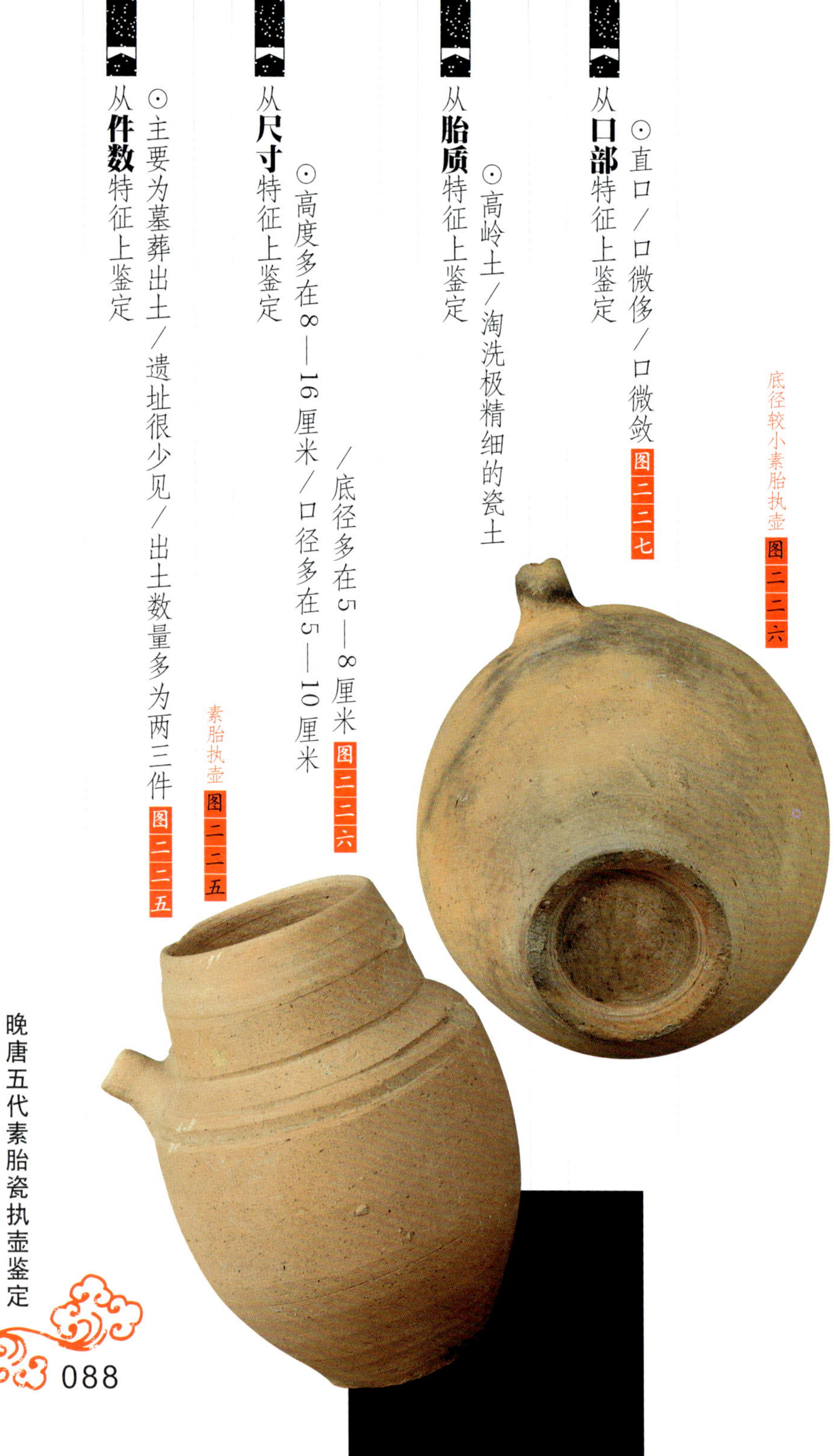

底径较小素胎执壶 图二二六

素胎执壶 图二二五

从**肩部**特征上鉴定

⊙弧肩/鼓肩/溜肩/折肩 图二二八

从**颈部**特征上鉴定

⊙直颈/束颈/颈上小下大/颈较粗

从**唇部**特征上鉴定

⊙尖唇/尖圆唇/圆唇

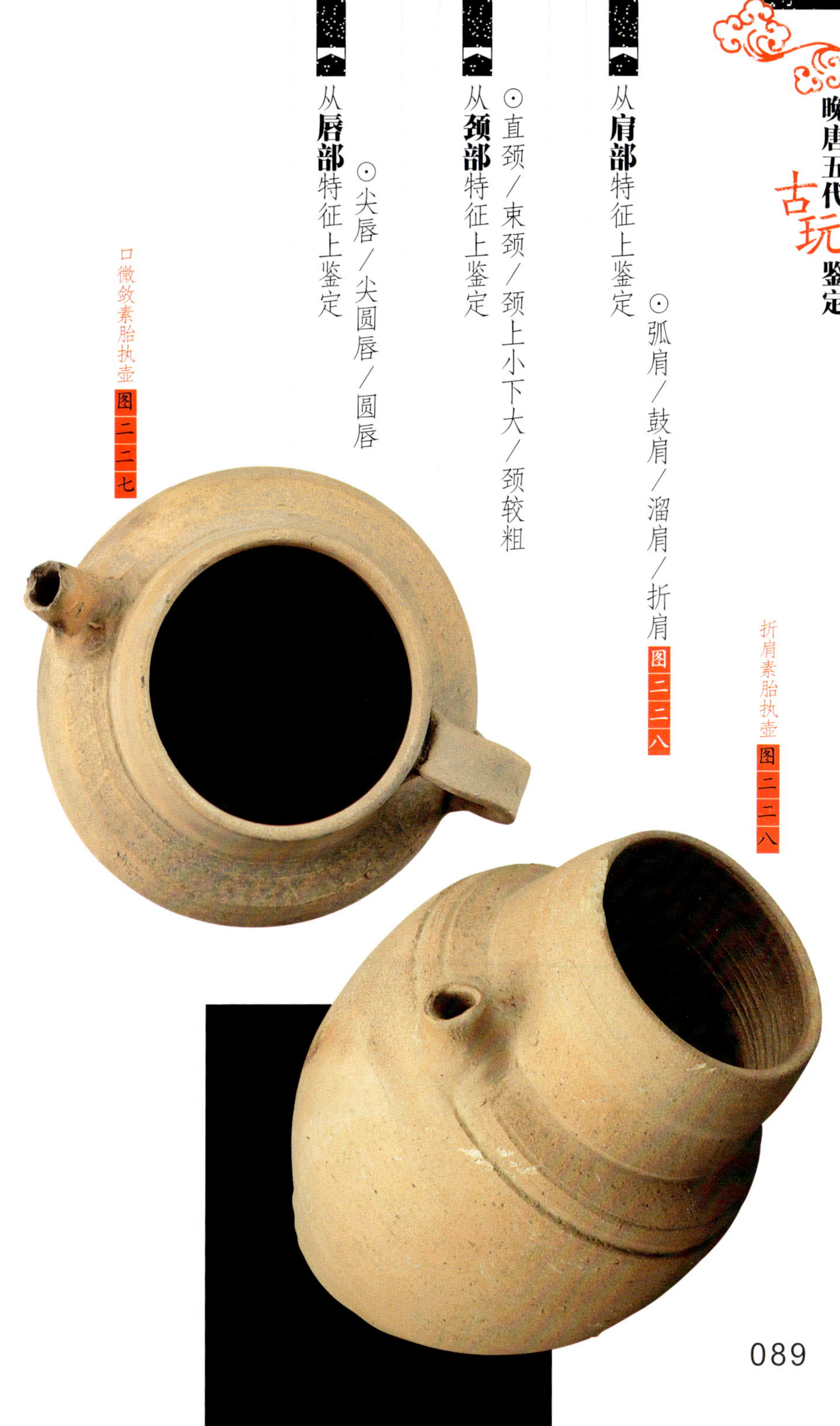

口微敛素胎执壶 图二二七

折肩素胎执壶 图二二八

从**腹部**特征上鉴定

⊙弧腹／圆弧腹／弧鼓腹／鼓腹缓收

从**底部**特征上鉴定

⊙平底／大平底／底微凸

从**足部**特征上鉴定

⊙圈足／矮圈足 图二二九／圈足底较窄平

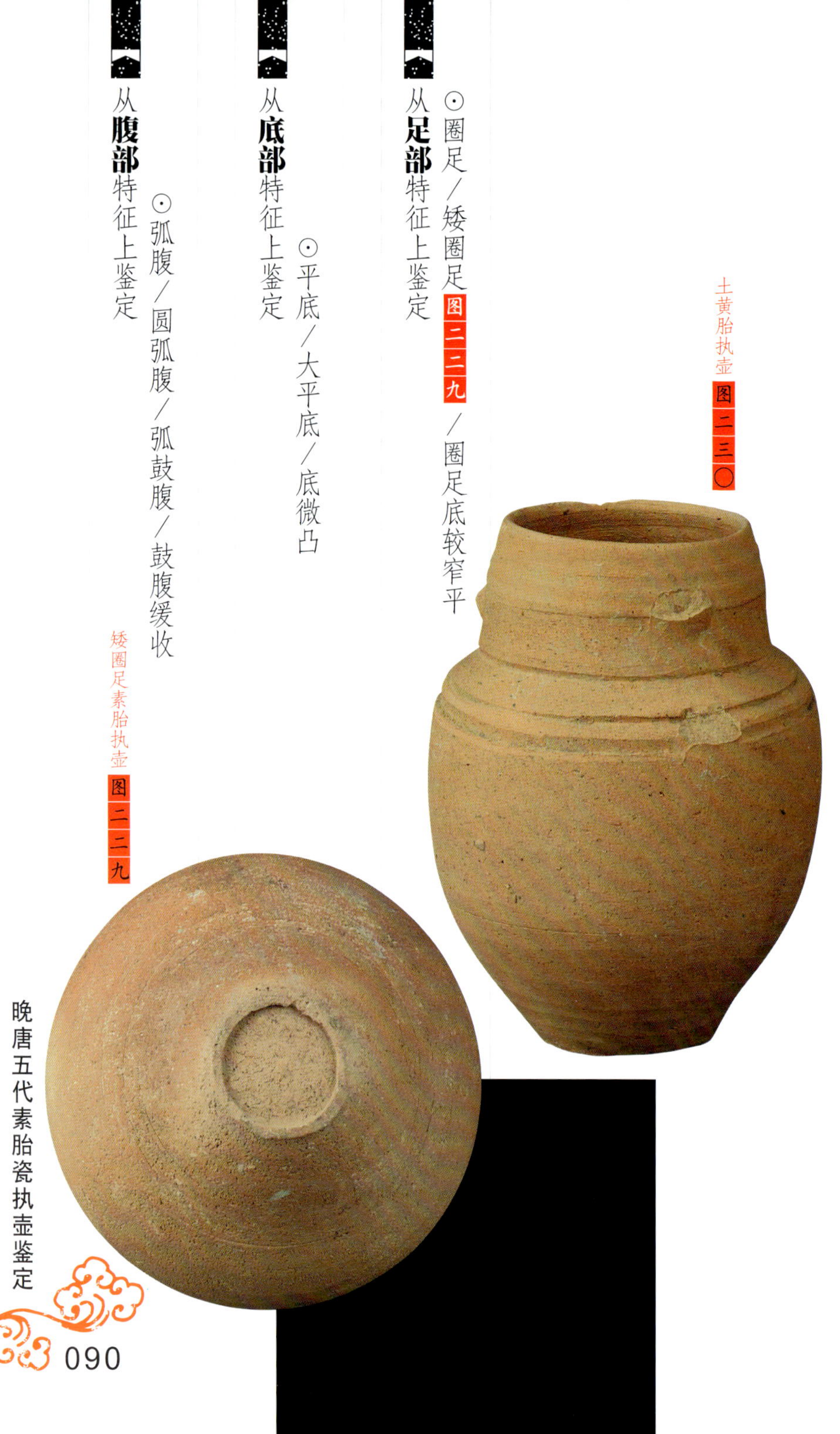

土黄胎执壶 图二三〇

矮圈足素胎执壶 图二二九

从**流部**特征上鉴定

⊙竖直于肩部一侧／流与把对应／短流（图二三一）／流较向上翘／流口较圆／为斜刀切

从**胎色**特征上鉴定

⊙土黄色（图二三〇）／姜黄色／胎体坚硬／看起来像陶质／火候较好实为瓷质

从**器壁**特征上鉴定

⊙器壁光滑／器壁细腻／器壁有微弱光泽

短流素胎执壶 图二三一

从**把手**特征上鉴定

⊙位于与流对应一侧【图二三二】/颈中部至肩部/把手向上高翘/空间较大

从**完残**特征上鉴定

⊙多完整/也有残缺/多为把手残缺【图二三三】

把手残缺素胎执壶【图二三三】

素胎执壶【图二三二】

第玖章
晚唐五代女俑鉴定

从**胎质**特征上鉴定

⊙泥质灰陶／泥质红陶／细泥红褐陶 图二三七

身材较高舞女俑 图二三四

从**制作方法**特征上鉴定

⊙手制／捏制／雕塑 图二三六

从**尺寸**特征上鉴定

⊙高度多在20—30厘米 图二三四／身宽多在6—7厘米 图二三五

彩绘女俑 图二三五

细泥红褐陶舞女俑

图二三七

舞女俑

图二三六

从**写实**特征上鉴定

⊙讲究写实 图二三八 图二三九 /从正背两面描写 图二四〇

/一个正站立在那里的女俑

/刻画了女俑平常生活中的一个最常态

从**头发**特征上鉴定

⊙头发高高盘起 图二四一

/头发没有丝毫散乱

/乌黑的头发/可见发盘 图二四二

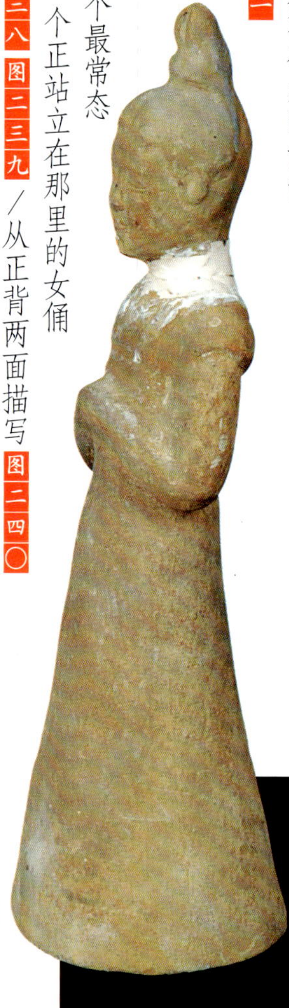

写实的舞女俑 图二三八

写实的舞女俑 图二三九

高盘头发的舞女俑 图二四一

从背部刻画的舞女俑 图二四〇

可见发盘的彩绘女俑 图二四二

从**手臂**特征上鉴定

⊙手臂完整

/修长的手臂

/多数是相互穿撮在一起 图二四四

从**颈部**特征上鉴定

⊙漂亮的颈部/可以直视到颈部

/颈部略微有些倾斜

从**面部**特征上鉴定

⊙可以近距离直视面容

/较为丰满的脸/面部白皙/头微斜

/丹凤眼/显然是经过描绘的柳叶弯眉 图二四三

/挺拔的鼻梁/翘起的小嘴

陶女俑 图二四三

从**腰部**特征上鉴定

⊙束腰（图二四五）/纤细

从**胸背部**特征上鉴定

⊙胸背挺拔/胸部丰满

从**肩部**特征上鉴定

⊙丰肩/柔软

束腰舞女俑 图二四五

陶女俑 图二四四

从**功能**特征上鉴定

/不具有太高身份

/从女俑较为随意的动作和表情推断应为一般的侍女

/目的是用俑的形式将其带入墓葬中享用 图二四七

⊙随葬明器/仿真与写意相结合反映真实社会里的侍女形象

从**衣服**特征上鉴定

⊙身着长裙/长裙拖地/裙摆较大 图二四六

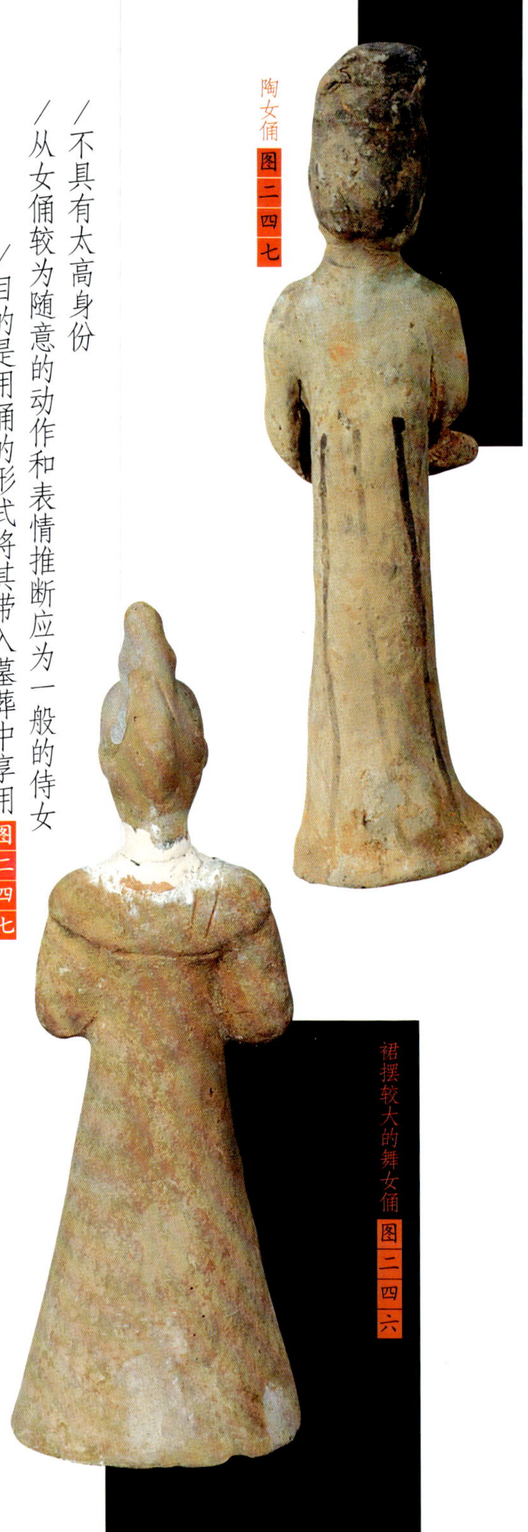

陶女俑 图二四七

裙摆较大的舞女俑 图二四六

第拾章
晚唐五代铜镜鉴定

鉴

定

从**钮部**特征上鉴定

⊙有圆形（图二五二）/龟形桥形/蛙钮

/海兽形钮/伏兽形钮

从**造型**特征上鉴定

⊙多为圆形（图二五〇）/有柄手镜/葵花镜

/亚字形镜/菱花镜（图二五一）

从**尺寸**特征上鉴定

⊙直径最宽多为10—13厘米（图二四九），20厘米以上者少见

/厚度最宽多为0.3厘米左右

从**件数**特征上鉴定

⊙多以墓葬出土为主/遗址也有见/出土数量多为几件（图二四八）

直径较小铜镜（图二四九）

海兽葡萄纹铜镜（图二四八）

从**纹饰**特征上鉴定

⊙铜镜纹饰丰富／多延续盛唐／以花鸟虫鱼为主要题材／葡萄／蜻蜓／喜鹊／飞鸟／鸳鸯／海兽／海兽葡萄纹图二五三／也有不少人物故事图案

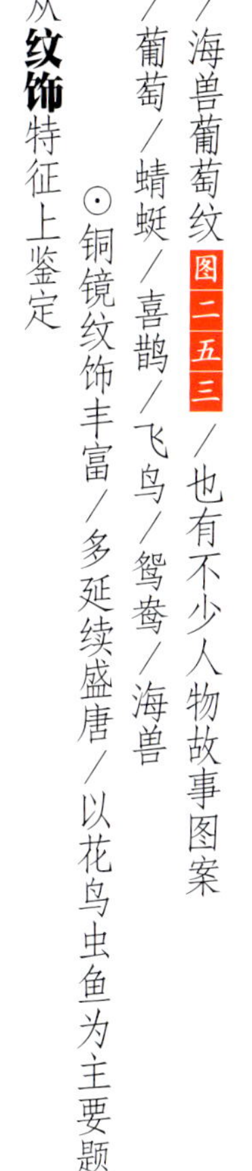

图二五〇 圆形铜镜

图二五一 菱花铜镜

图二五二 圆钮铜镜

图二五三 海兽葡萄纹铜镜

从施纹部位上鉴定

⊙多分布在铜镜背面/正面有纹饰者很少

从锈蚀特征上鉴定

⊙基本都有锈/多有一层绿色淡淡的锈/少数为以绿色为近亲色调的斑杂色 图二五四

从铜质特征上鉴定

⊙铜质较好/铜锡铅比例以锡为多/锡多后增加了铜镜的亮度，同时也增加了铜镜的脆性，一旦掉到地上很可能就会成两半

铜锈较多的铜镜 图二五四

从**工艺**特征上鉴定

⊙做工精细 图二五五 /打磨仔细/工艺精湛

从**铭文**特征上鉴定

⊙五代铜镜铭文不是很多，但也有见

从**浇注**特征上鉴定

⊙多为陶范浇注/也有用金属范制作

做工精细的铜镜 图二五五

从**声音**特征上鉴定

⊙敲击多响亮/少数有裂纹者声音嘶哑

从**功能**特征上鉴定

⊙装饰品 图二五六/财富的显示/生活场景的载体/明器

从**作伪**特征上鉴定

⊙制作简单/伪器较多

花卉纹菱花铜镜 图二五六

第拾壹章
晚唐五代陶扑满鉴定

从**时代背景**上鉴定

⊙由盛到衰的时代/提倡节俭/崇尚日积而丰 图二五七

从**高度**特征上鉴定

⊙高度多在18—20厘米/底径多在10—12厘米

/孔长多在5—6厘米

从**造型**特征上鉴定

⊙罐形/穹顶/圆弧顶/顶身一体

/顶有投孔/造型一般较小

从**孔部**特征上鉴定

⊙孔多在顶部/多不在顶中央位置/一般在顶的一侧

/多为不规则长方形条状口

/孔多只能放入铜钱大小 图二五八

灰陶扑满 图二五七

从胎质特征上鉴定

⊙泥质灰胎/灰褐胎/胎体较薄/器壁均薄/陶土淘洗精细/胎质坚硬

从底部特征上鉴定

⊙平底/大平底（图二五九）/平底内凹/饼底

从腹部特征上鉴定

⊙鼓腹/圆鼓腹/弧鼓腹/鼓腹斜收

从肩部特征上鉴定

⊙弧肩/圆弧肩/丰肩/广弧肩

大平底灰陶扑满 图二五九

灰陶扑满 图二五八

从**使用**特征上鉴定

⊙一次使用/使用时将其打碎/使用时将其打开一个洞 图二六〇

从**功能**特征上鉴定

⊙盛币功能/储币功能/明器功能

从**完残**特征上鉴定

⊙大多完好无损/只有少数残缺/也有一些有不规则破洞

从**件数**特征上鉴定

⊙多为墓葬出土/出土数量多为一件

被打破的灰陶扑满 图二六〇

第拾贰章
晚唐五代陶瓶鉴定

从**尺寸**特征上鉴定

⊙腹径多在8—10厘米 图二六一

/底径多在3—5厘米 图二六二

从**足部**特征上鉴定

⊙内深凹成假圈足/圈足/假圈足 图二六三

从**造型**特征上鉴定

⊙造型相同

/造型略有差异/略圆 图二六四

/呈喇叭状/器身修长 图二六五

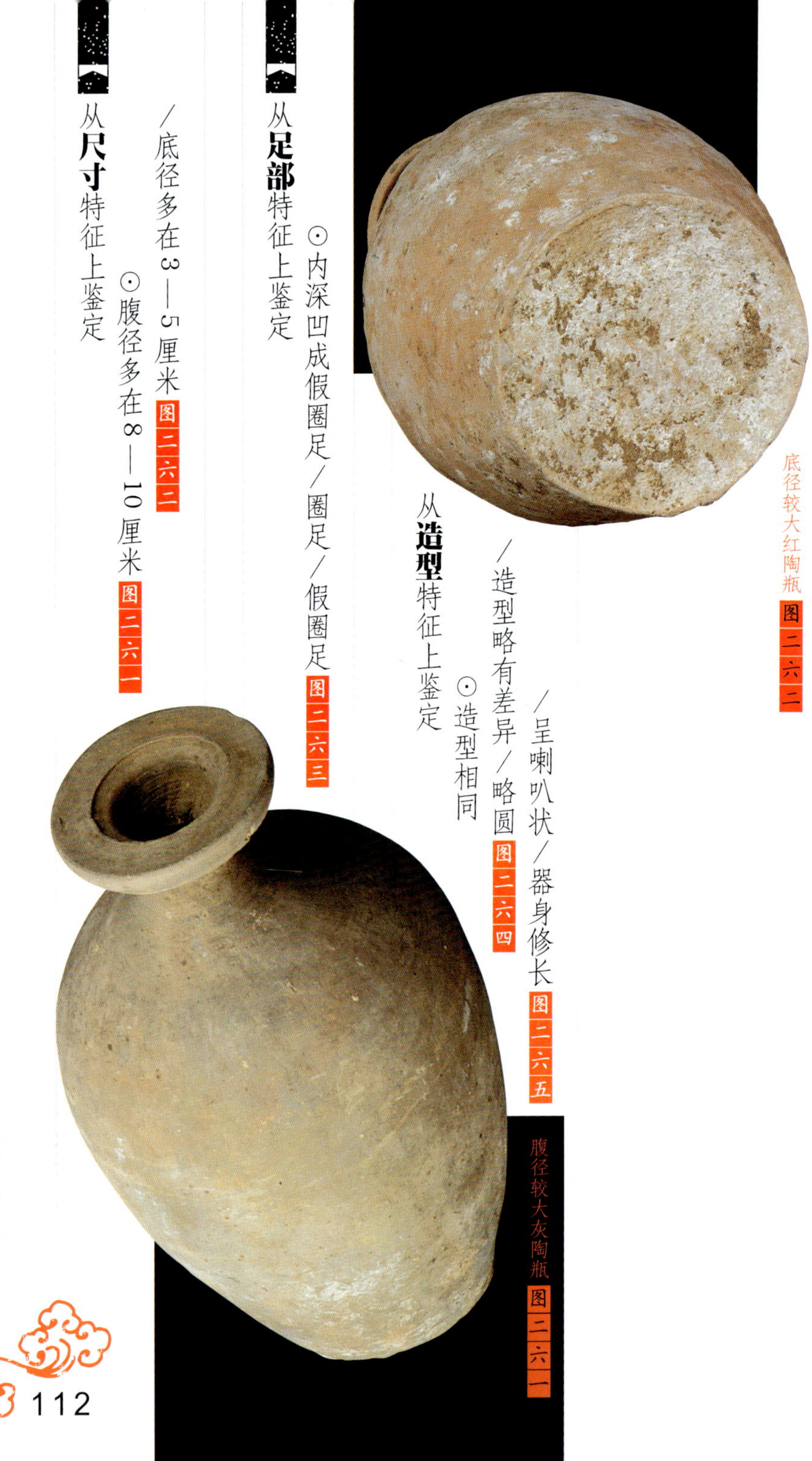

腹径较大灰陶瓶 图二六一

底径较大红陶瓶 图二六二

假圈足灰陶瓶
图二六三

器身略圆灰陶瓶
图二六四

器身修长灰陶瓶
图二六五

从**完残**特征上鉴定

⊙陶瓶残缺不是很多/有少部分残缺

/墓葬出土基本完整 图二七〇

从**施纹部位**上鉴定

⊙腹部常饰纹 图二六九/肩下常饰纹

从**纹饰种类**上鉴定

弦纹/压印浅凹弦纹/弦纹/凹弦纹

/宽旋纹/彩绘云气纹 图二六八

从**口沿**特征上鉴定

⊙卷沿/沿略外卷/宽折沿/折平沿 图二六六

/折平沿微卷/折沿较窄 图二六七

折沿较窄灰陶瓶 图二六七

折平沿灰陶瓶 图二六六

彩绘云气纹陶瓶

图二六八

腹部饰纹彩绘陶瓶

图二六九

完好无损灰陶瓶

图二七〇

从**耳部**特征上鉴定

⊙颈至肩间装饰对称双耳/多无耳器 图二七一

从**肩部**特征上鉴定

⊙溜肩 图二七二 /斜弧腹/鼓肩 图二七三 /圆肩/宽肩 图二七四 /肩局部内敛/最大径在肩部/肩渐鼓 图二七五 /肩部不明显

无耳灰陶瓶 图二七一

鼓肩灰陶瓶 图二七二

溜肩灰陶瓶 图二七三

肩较宽灰陶瓶 图二七四

肩渐鼓灰陶瓶 图二七五

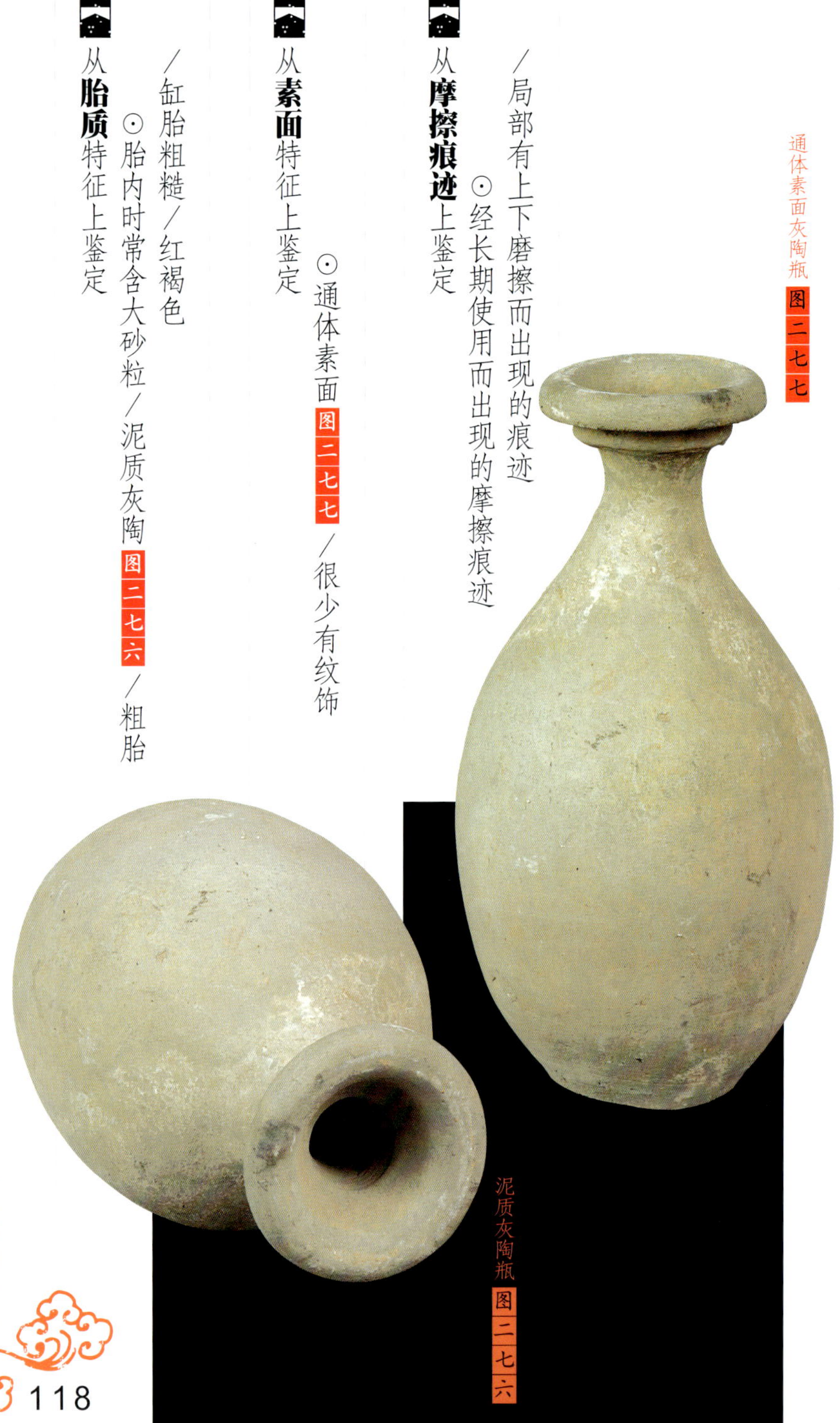

通体素面灰陶瓶 图二七七

泥质灰陶瓶 图二七六

从**摩擦痕迹**上鉴定

⊙经长期使用而出现的摩擦痕迹

/局部有上下磨擦而出现的痕迹

从**素面**特征上鉴定

⊙通体素面 图二七七 /很少有纹饰

从**胎质**特征上鉴定

⊙胎内时常含大砂粒/泥质灰陶 图二七六 /粗胎

/缸胎粗糙/红褐色

从**口部**特征上鉴定

/盘口 图二七九 /小口 /五瓣莲花口 /侈口 图二八〇

⊙小口微敞 图二七八 /小直口

从**领部**特征上鉴定

⊙矮领微曲 /矮领

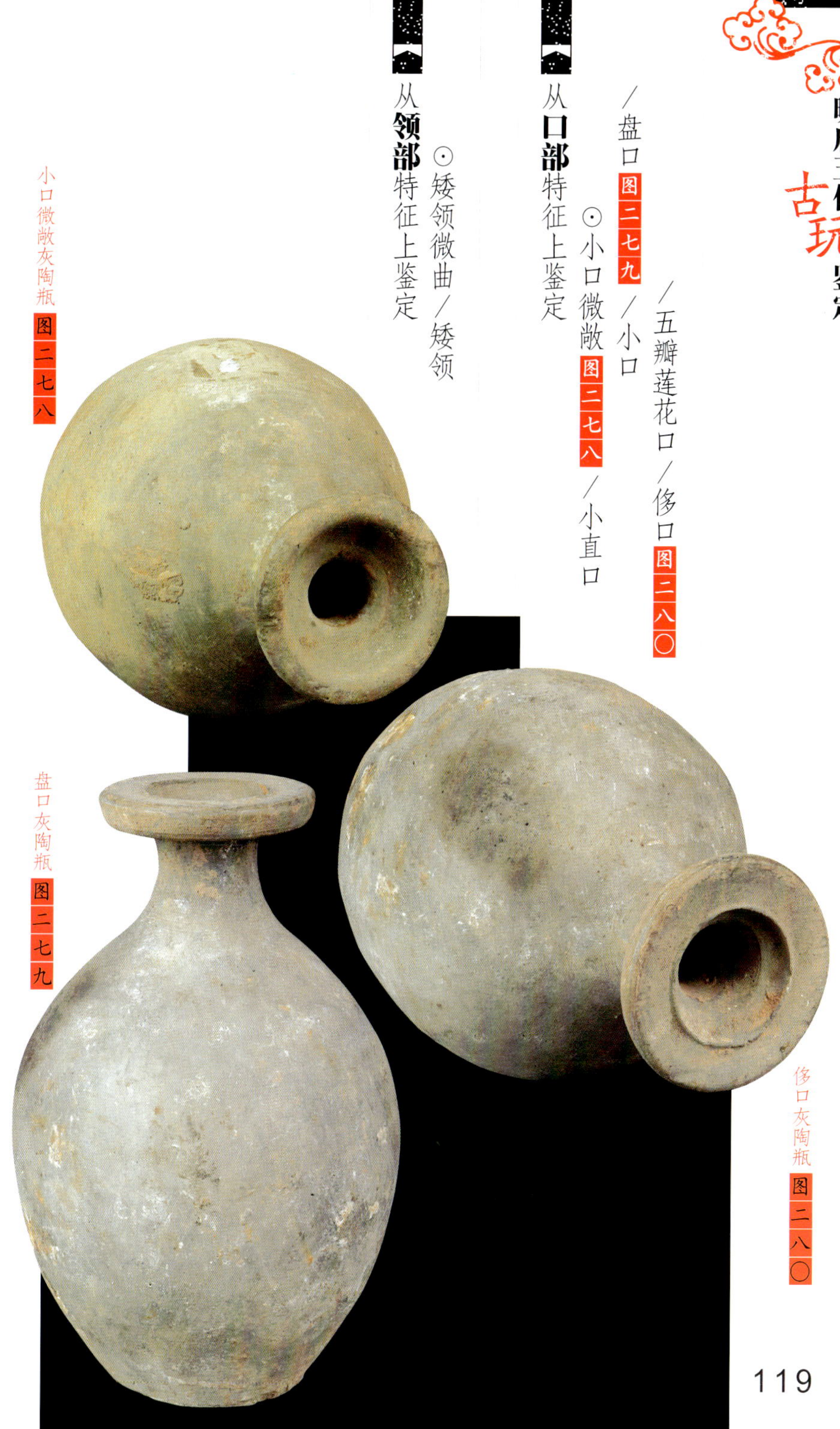

小口微敞灰陶瓶 图二七八

盘口灰陶瓶 图二七九

侈口灰陶瓶 图二八〇

从颈部特征上鉴定

⊙颈部露胎/细颈图二八一/细短颈/细长颈/束颈图二八二/矮束颈/束长颈图二八三

从件数特征上鉴定

⊙一般出土于墓葬/多见三五件出土图二八四图二八五

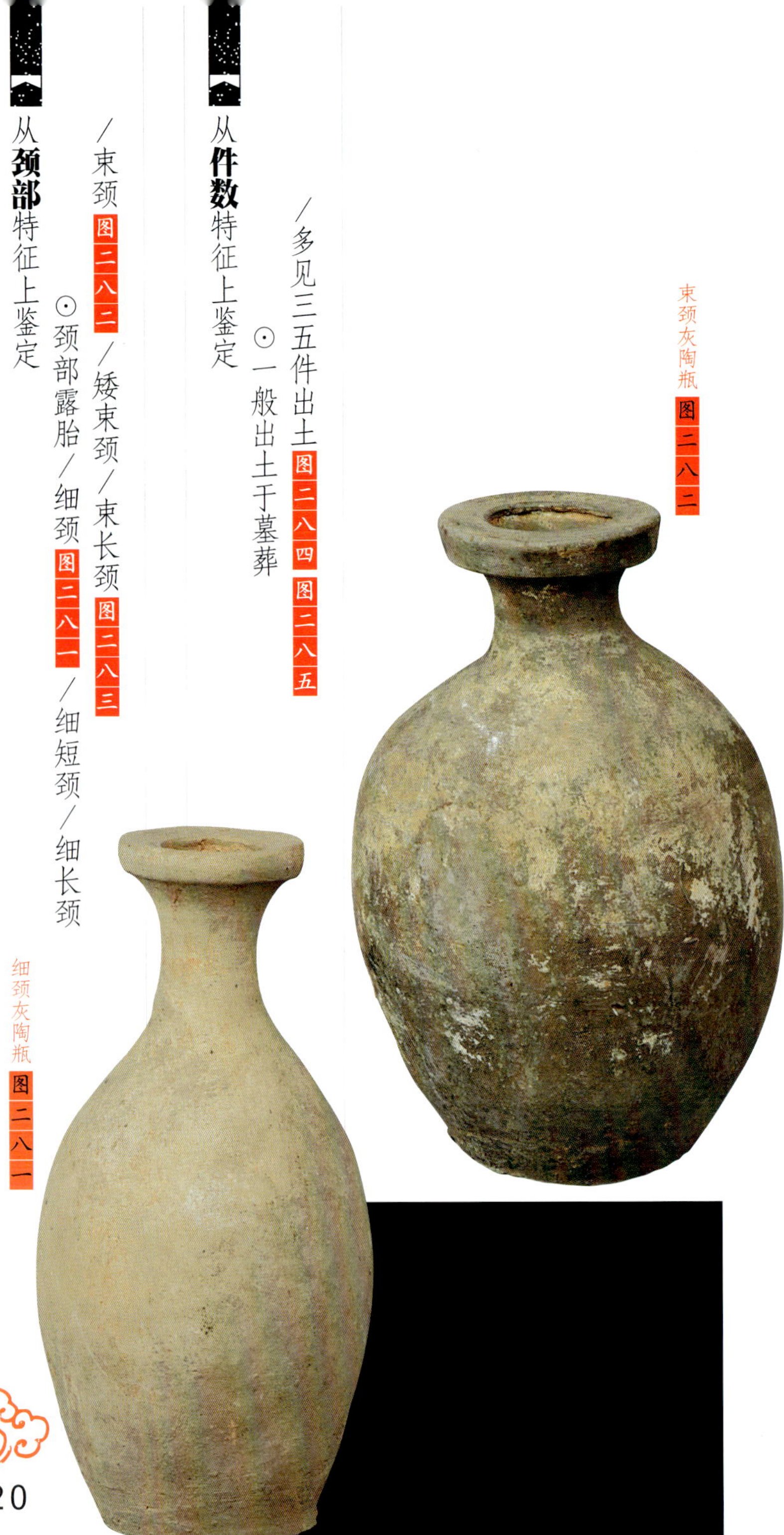

细颈灰陶瓶 图二八一

束颈灰陶瓶 图二八二

图二八三 束长颈灰陶瓶

图二八四 灰陶瓶

图二八五 火候较高灰陶瓶

从**腹部**特征上鉴定

⊙弧腹/圆腹图二八六/鼓腹图二八七/腹微鼓/圆鼓腹图二八八/弧鼓腹/长圆腹/球形腹图二八九/腹身修长图二九〇/最大径在腹部/最大腹径偏下/腹上下基本对等

从**唇部**特征上鉴定

⊙反唇/尖圆唇图二九一/方唇/尖唇图二九二/平唇

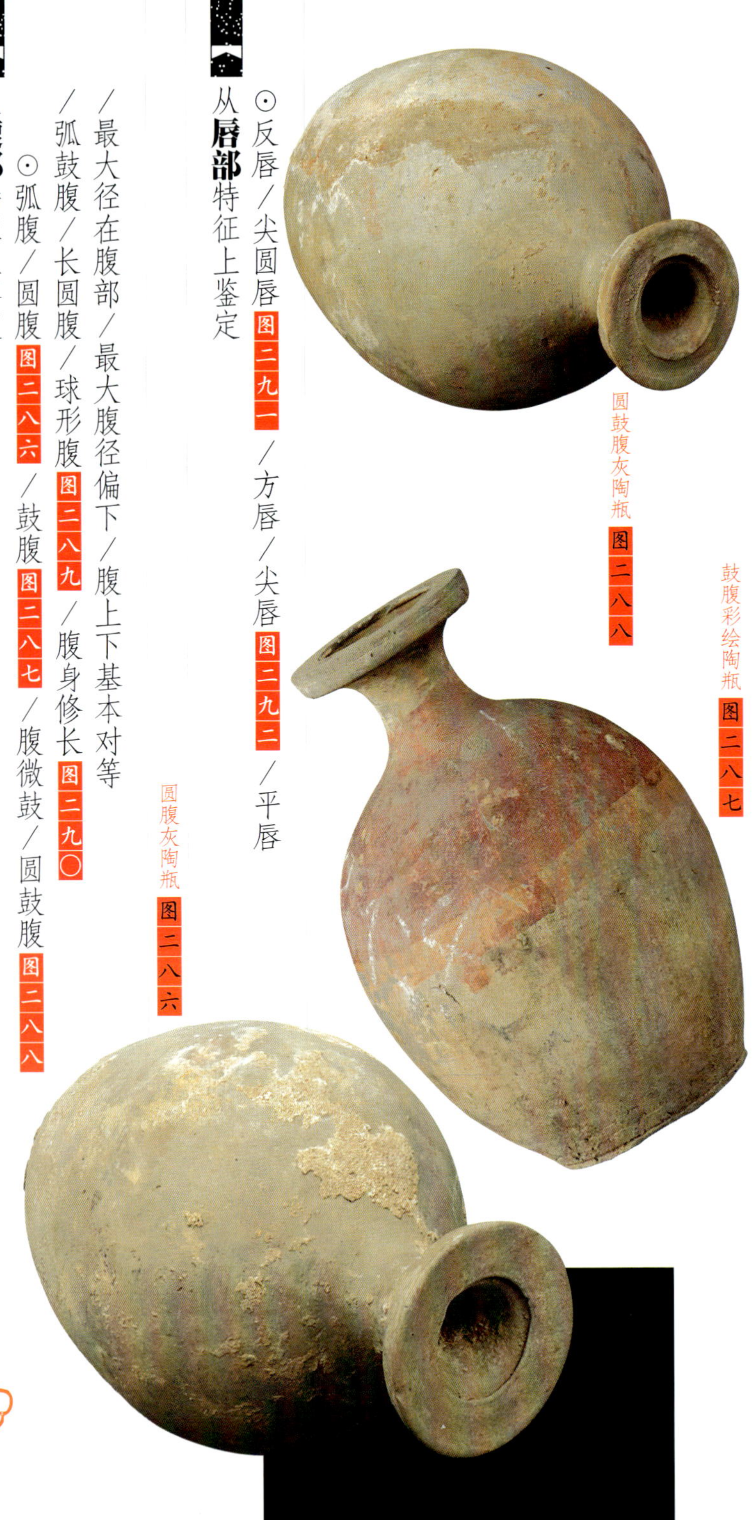

圆鼓腹灰陶瓶 图二八八

鼓腹彩绘陶瓶 图二八七

圆腹灰陶瓶 图二八六

球形腹灰陶瓶

图二八九

尖圆唇灰陶瓶

图二九一

腹身修长灰陶瓶

图二九〇

尖唇灰陶瓶

图二九二

从**底足**特征上鉴定

⊙平底图二九三／深凹底／底部外撇呈喇叭状／平底内凹图二九四／底深凹造成假圈足／底略外撇／底部接高圈足／小平底图二九五

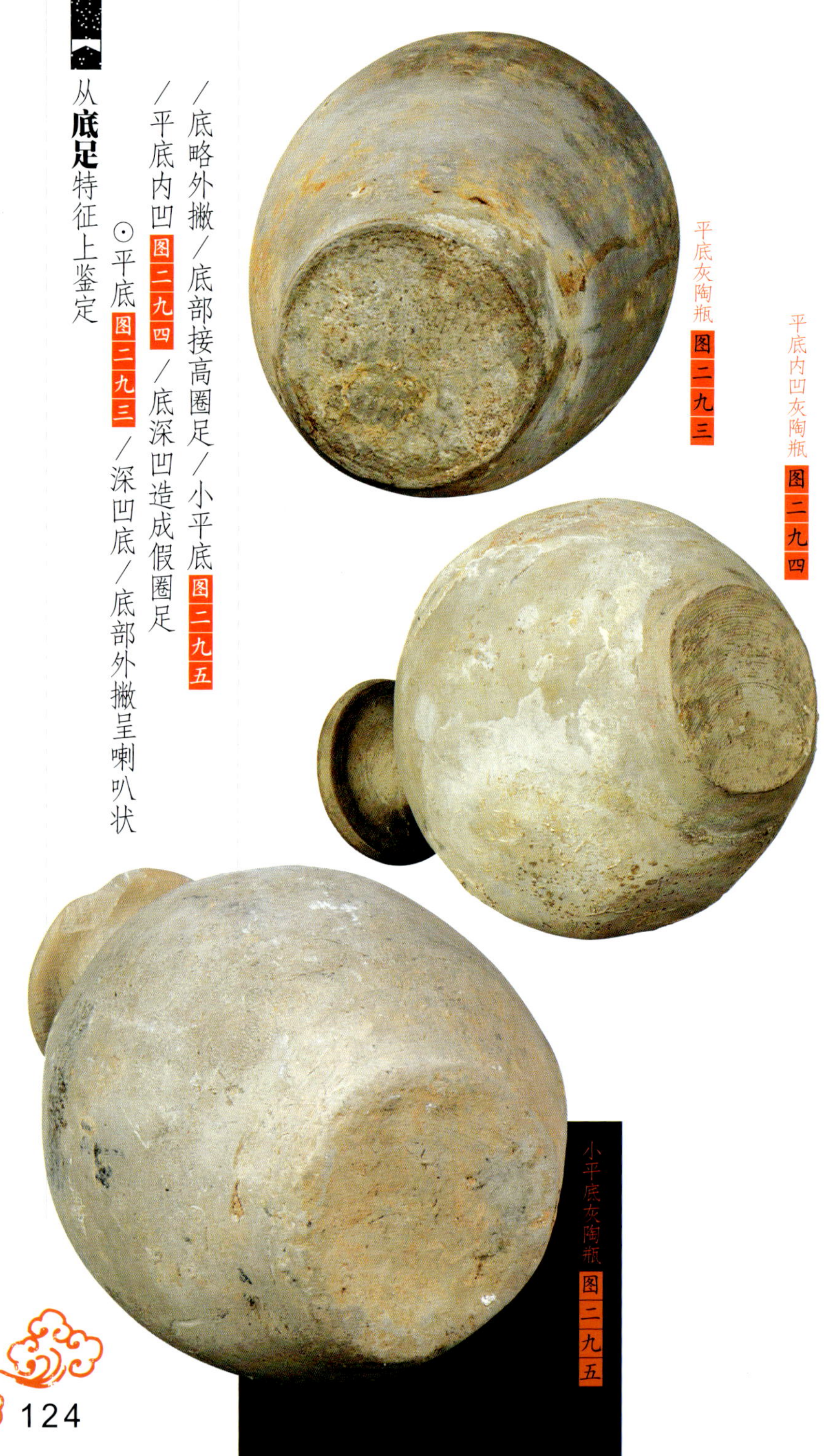

平底灰陶瓶 图二九三

平底内凹灰陶瓶 图二九四

小平底灰陶瓶 图二九五

第拾叁章 晚唐五代陶砚鉴定

从**口部**特征上鉴定

⊙敞口/大敞口 图三〇〇 /簸箕口

从**造型**特征上鉴定

/少数为船形/少数为不规则簸箕形 图二九九

⊙基本为簸箕形/造型较小/以实用为主

从**尺寸**特征上鉴定

/宽度多在5—10厘米 图二九八

/口宽多在10厘米/长度多在11—20厘米

⊙高度多在2—5厘米/厚度多在1.2厘米 图二九七

从**件数**特征上鉴定

/出土数量多为几件 图二九六

⊙多为墓葬出土/遗址很少见到

灰陶砚 图二九六

较薄胎体陶砚 图二九七

较宽灰陶砚 图二九八

不太规则簸箕形灰陶砚 图二九九

大敞口灰陶砚 图三〇〇

从**唇部**特征上鉴定

⊙圆唇 图三〇一/方圆唇/唇较尖

从**腹部**特征上鉴定

⊙弧腹 图三〇二/弧腹斜收

从**底部**特征上鉴定

⊙二圆锥状足 图三〇三/圆底

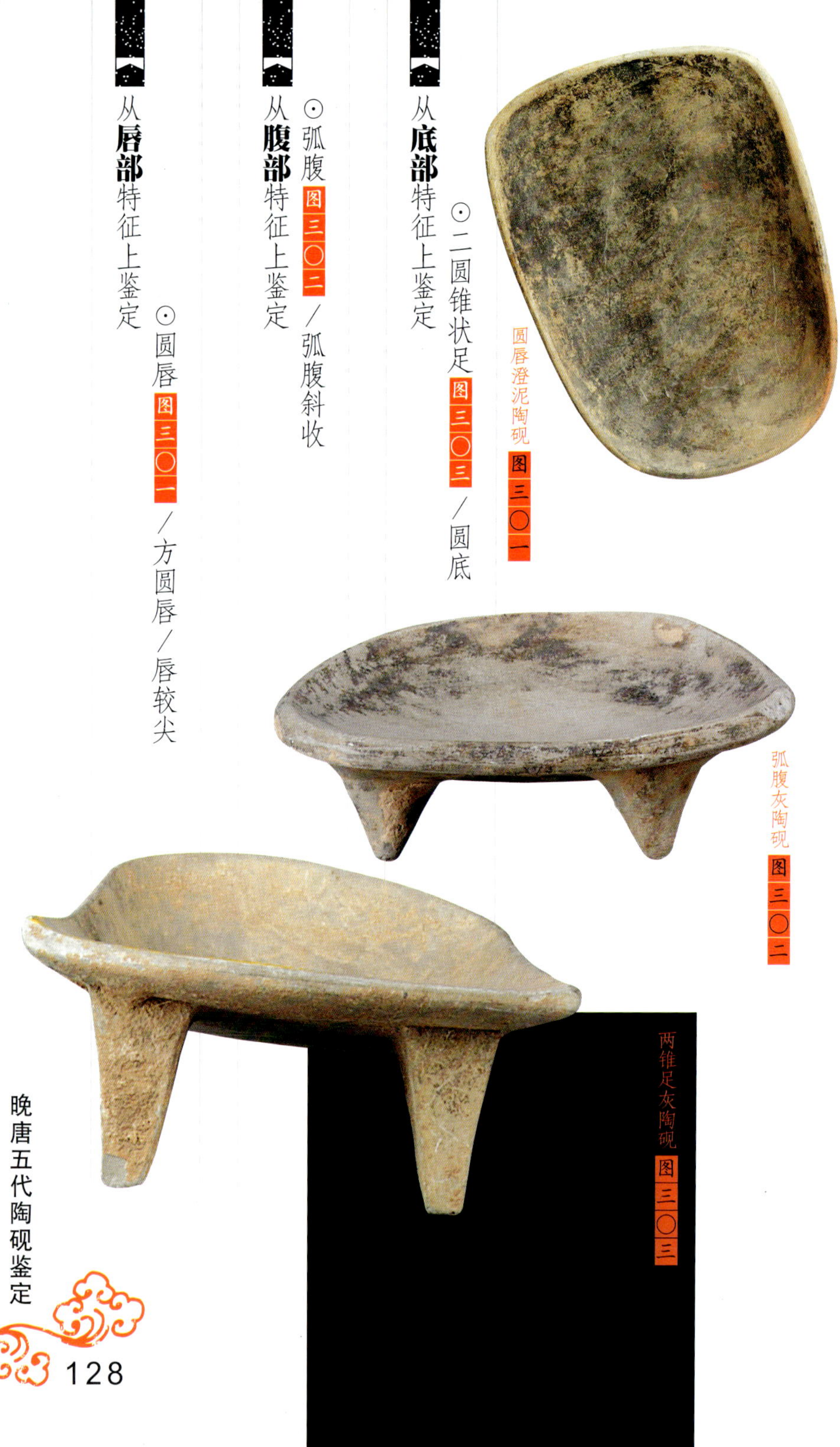

圆唇澄泥陶砚 图三〇一

弧腹灰陶砚 图三〇二

两锥足灰陶砚 图三〇三

从**墨迹**上鉴定

⊙砚中多置一墨池/多有使用痕迹/墨迹十分清楚 图三〇五

从**质地**特征上鉴定

⊙细泥灰陶/陶质细腻/陶质匀净/黄河澄泥 图三〇四

从**完残**特征上鉴定

⊙少数残缺/大多数完好

澄泥砚 图三〇四

墨迹十分清楚的澄泥砚 图三〇五

⊙下附二足/多为宽平长方形竖足 图三〇六 /足下窄上粗

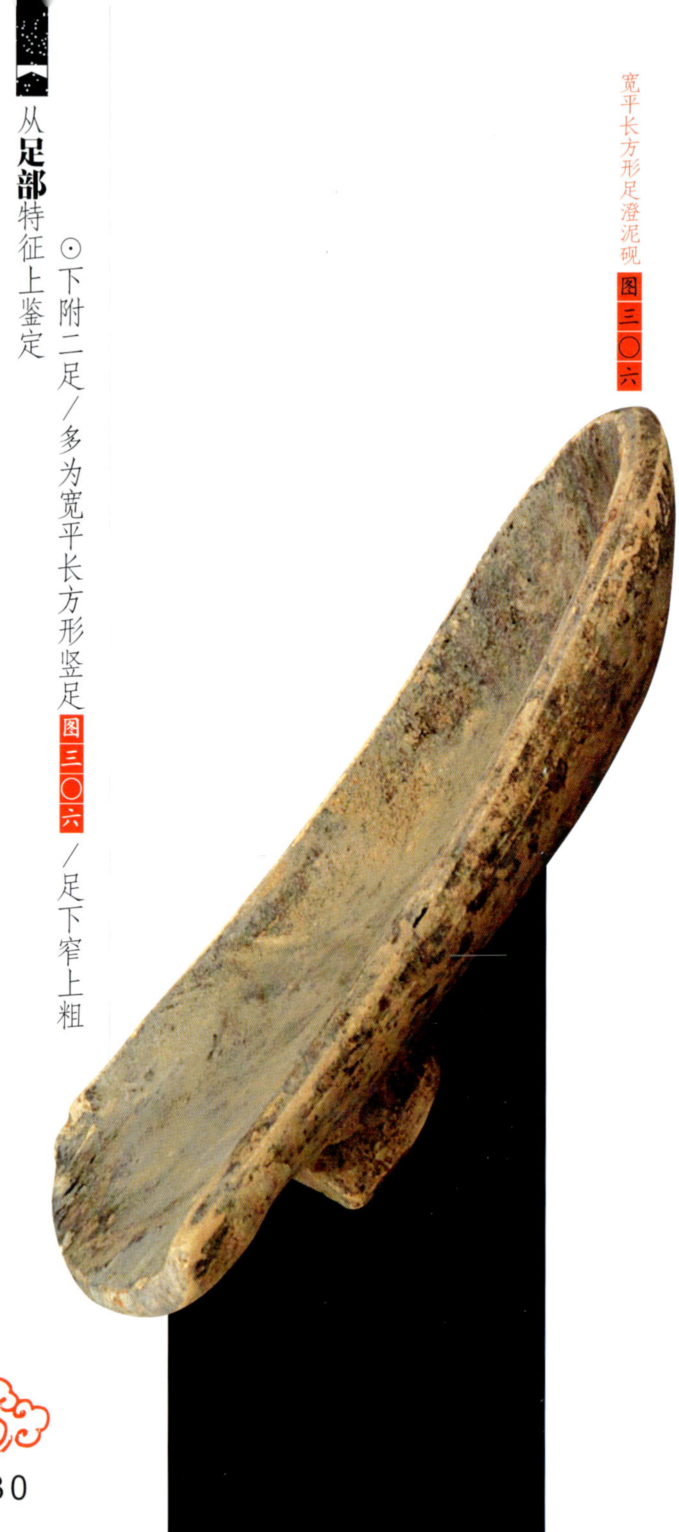

宽平长方形足澄泥砚 图三〇六

古

玩

附件

晚唐五代三彩枕品鉴

三彩枕

狮形三彩枕

较长三彩狮枕

狮形三彩枕

椭圆形平底三彩枕

绿色三彩枕

花卉纹三彩枕

底略向外凸白瓷杯

口径较小白瓷杯

微敛口白瓷杯

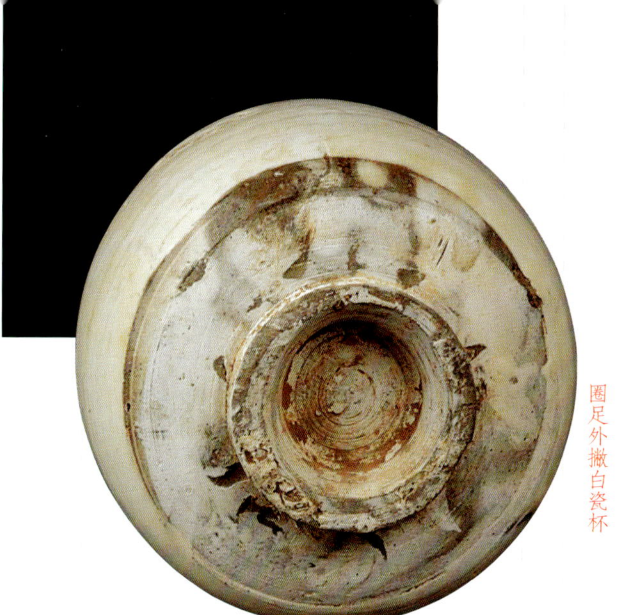

圈足外撇白瓷杯

宽平沿外折白瓷杯

白瓷杯

折腹白瓷杯

白釉白瓷杯

雪白釉白瓷杯

灰陶较粗白瓷碗

尖唇白瓷杯

白瓷盘

底部露胎白瓷盘标本

底径较小白瓷盘标本

色泽淡雅白瓷盘标本

釉质较好白瓷盘标本

白釉瓷盘标本

矮圈足白瓷盘标本

白瓷盘

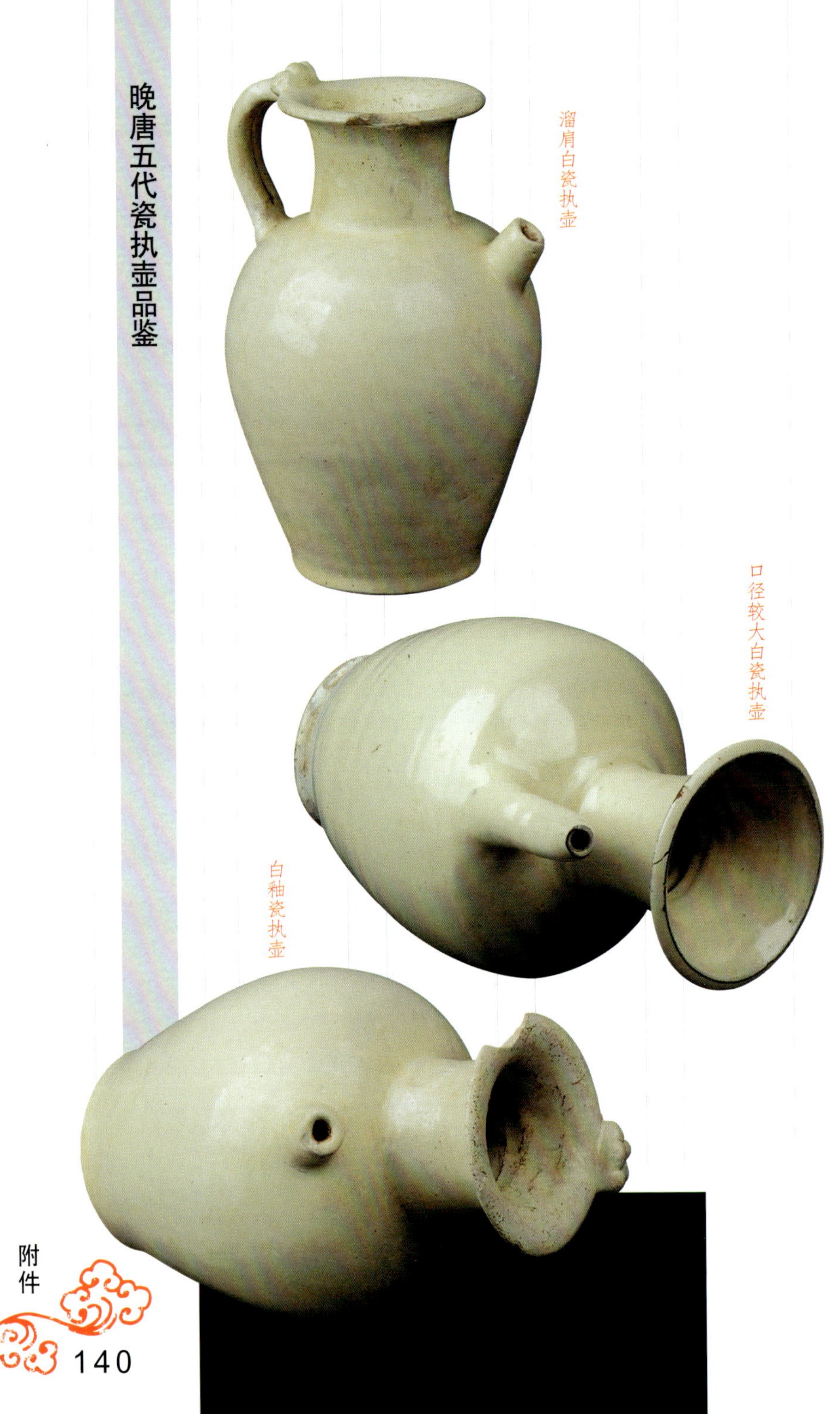

溜肩白瓷执壶

口径较大白瓷执壶

白釉瓷执壶

圈足白瓷执壶

尖唇白瓷执壶

盖顶略鼓白瓷盒盖

白胎瓷盒

白釉瓷盒

子母口青瓷盒

青釉瓷盒

淡青釉瓷盒

平底略鼓白瓷盒

通体施釉青瓷盒

较高白瓷盒

折腹白瓷盒

白瓷盖盒

白釉瓷盒

底部未施釉白瓷碟标本

浅弧腹白瓷碟标本

矮圈足青瓷碟标本

口径较大白釉瓷碟

白釉泛黄瓷碟

底径较大白瓷碟标本

玉璧足白瓷碟标本

白釉瓷碟标本

晚唐五代白瓷唾盂品鉴

白瓷唾盂

口径较大白瓷唾盂

白瓷唾盂

釉泛黄白瓷唾盂

有微小开片白瓷唾盂

胎体致密白瓷唾盂

贵妇人形象砖雕

较高人物砖雕

正方形砖雕

具动感的贵妇人砖雕

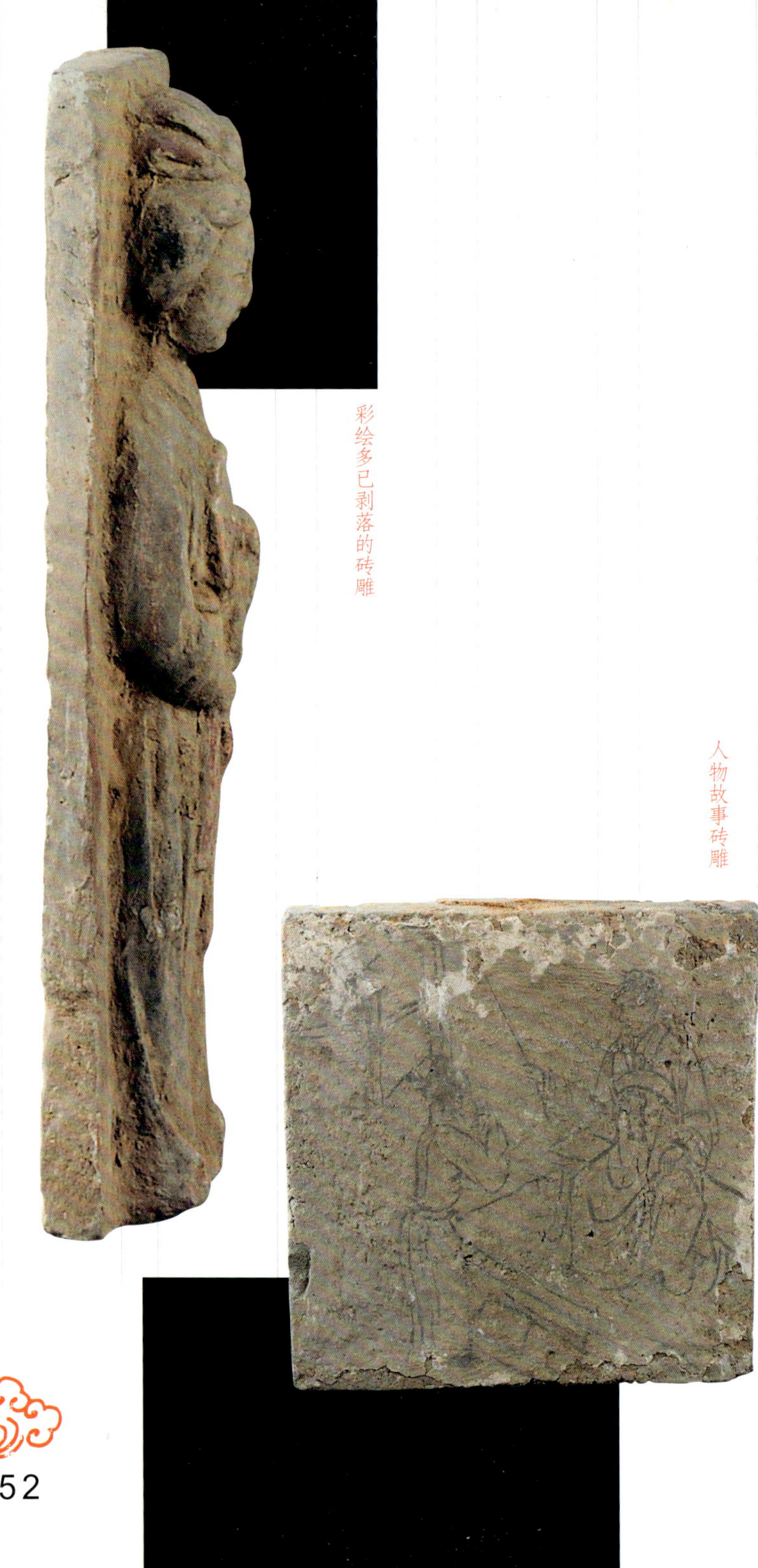

彩绘多已剥落的砖雕

人物故事砖雕